中学英語 実例でわかる！

「主体的に学習に取り組む態度」の学習評価

瀧沢広人［著］

JN029315

学陽書房

はじめに

　2021 年度から、中学校で新教育課程が始まりました。

　従来の 4 観点から 3 観点の評価となり、指導とともに、評価のやり方に困惑を示す先生も多くいるのではないでしょうか。

　その中でも特に、最も困難な評価観点は、「主体的に学習に取り組む態度」と言えるでしょう。理由は簡単です。教師にとって、どのように評価をすればよいか、明解になっていないのです。

　まして 3 観点です。評価に占める「主体的に学習に取り組む態度」の割合は高いです。つまり、教師が下す評価は、最終的には、入試で用いられるということになります。成績が開示され、それについて教師が説明責任を果たさなくてはいけないのです。

　そう考えると、もちろんいい加減には評価はつけられないはずです。

　だからこそ、どうやって評価したらよいか、多くの教師は悩むのです。

　本書は、「主体的に学習に取り組む態度」の指導と評価について、私なりの考えを示します。もし私なら、こういう方法で、こう考える、ということを提示します。どうか、先生方も、ぜひ、**主体的に**「主体的に学習に取り組む態度」について、考察いただけたらと思います。

　さて、「主体的に学習に取り組む態度」の評価についての話題になると、きまって次のような話になります。

☑「主体的に学習に取り組む態度」は、「思考・判断・表現」と一体化して評価する。よって、「思考・判断・表現」の結果と「主体的に学習に取り組む態度」の評価は一致する。

☑「思考・判断・表現」の評価が c なのに、「主体的に学習に取り組む態度」の評価が a なのはあり得ない。なぜなら、主体的に学習に取り組んでいれば、「思考・判断・表現」も高い評価が得られるはずだ。

☑「主体的に学習に取り組む態度」は、単元末に評価するものだ。

松浦（2022：3）でも述べているように、「『主体的に学習に取り組む態度』は、『思考・判断・表現』と一体的に評価する」ということは、評価場面が同じということであって、同じ評価結果にしなければならない、ということではありません。松浦氏は、それを「著しい誤解」と言っています。

　私もそう思います。松浦氏の言葉を借りれば誤解が多々あるのです。

　例えば、本当に、ペーパーテストで、生徒の「主体的に学習に取り組む態度」は評価できるのでしょうか。

　また、生徒の振り返りや自己評価の記述で、評価していいのでしょうか。評価の〈妥当性〉を考えたときに、私は無理があると思うのです。

　そのような小さなところが、どうしても気になってしまうのです。

　もしかしたら、私の考え方が誤っているのかもしれません。

　しかし、『「指導と評価の一体化」のための学習評価に関する参考資料』（国立教育政策研究所）（以下、「参考資料」という）を始め、中央教育審議会の関連資料を忠実に読み解きながら、考えに至ったのが、本書になります。

　繰り返しますが、ただ「参考資料」に書いてあるからということではなく、教師が**主体的**に考え、「主体的に学習に取り組む態度」とは、どういう態度なのか、どういう態度となって現れるのか、私たちの考えを持つことが大事だと思います。

　本書は、様々な矛盾点を解決し、真に教師が自信を持って評価できるよう、「主体的に学習に取り組む態度」に臨む考え方を整理し、指導と評価の仕方を提案するものです。

〈参考〉松浦伸和編著（2022）.『中学校外国語「主体的に学習に取り組む態度」の学習評価完全ガイドブック』. 明治図書

令和5年5月

岐阜大学教育学部　瀧沢広人

目次

序章

評価の意義とは？

第1章

「主体的に学習に取り組む態度」を 考えるための基礎知識

第2章

「主体的に学習に取り組む態度」のポイント

第3章

「主体的に学習に取り組む態度」における CAN-DO

中学3年

第5章

「自らの学習を自覚的に捉えている状況」の指導と評価

第6章

「主体的に学習に取り組む態度」の評価場面

評価の意義とは？

1 » 評価を考えるために大切なことって何？

〈妥当性〉を確認する

　評価には３つの条件があります。その１つ目は、〈妥当性〉です。妥当性とは**そのものの能力を適切に測っているか**ということです。話す力を測るのには、実際に生徒に話させてみないと、話す力は測れません。聞く力も、実際に聞かせてみないと、どの程度、聞き取れるのかを評価することはできません。

　かつては発音問題で、次のような問題がありました。

　問題　下線部の発音が１つだけ異なるものを選びなさい。
　ア flood　　イ knowledge　　ウ scholar　　エ wander

私はこの種の問題が苦手でした。

　同時に、「読めるのになんでペーパーテストでは×になるの？」と思ったものでした。

　今でこそ、この問題が「音声」を測る問題でなければ、英語の音韻認識能力を育てる意味で大切な学習だと思いますが、これを「話すこと（発音）」の評価として用いたところに、〈妥当性〉という面で誤りがあると考えます。

〈信頼性〉を確保する

　２つ目は、〈信頼性〉です。**何度評価しても、同じ評価になるか**ということです。ペーパーテストでは、おおよそ信頼性は確保できるでしょう。つまり正答があるからです。「○か×か」で客観的に評価できるからです。同じ

解答を、誰が何度評価しても、同じになるでしょう。

　では、パフォーマンスを評価するとなったらどうでしょうか。同じパフォーマンスをもう一度、評価しても同じ評価となるでしょうか。また、評価者が異なっても、同じ評価を与えることができるでしょうか。

　私は以前、生徒のパフォーマンスを評価しました。その数分後にもう一度評価したら、異なる評価が出ていました。

　これでは、〈信頼性〉に欠けるとしか言いようがありません。

　また、評定を出す際、1回の評価で評定を出すのと、複数回の評価から評定を導くのでは、複数の評価を用いて評定を出した方が、信頼性は高まります。より複眼的に見取ることは、能力を適切に測ることにもつながります。

〈実行可能性〉があるのかを考える

　3つ目は、〈実行可能性〉です。理論上、どんなにすばらしい評価方法であっても、実際に評価することが、私たち教師に〈実行可能〉なものでなければ、その評価・方法は、運用することができません。

　例えば、大学入試に英語のスピーキングテストを取り入れようとします。12,000人の受験生がいて、評価者が10名いると、評価者1人で1,200人を採点することになります。受験生1人に15分（出入り含め）の面接を行うと、1時間に4人です。

　つまり300時間を必要とし、24時間で割ると、13日間となります。夜通し、寝ないで面接を行っても、13日間かかってしまうのです。面接では1日に6時間がせいぜい限界ですので、その4倍、52日間、毎日入試面接を行うことになります。それも1人で面接した場合です。信頼性を高め、2人ペアで行うと100日を超えてしまいます。

　このように、どんなに評価方法が理論上正しくても、実際の場面で活用できなければ意味がないですし、特に「主体的に学習に取り組む態度」の評価は、「そう評価することに、〈実行可能性〉はあるのか」という視点で、評価の意図と可能性をうまくバランスよく判断したいものです。

2 » 評価ってなんでするの？

学力を測定する

　評価の目的って、何なのでしょうか。何のために私たちは評価するのでしょうか。

　1つ目は、もちろん〈**生徒の学力を測るため**〉です。単純に、今現在、教えている生徒は、どの程度の学力を身に付けているのかを知るために、評価します。例えば、話すことの力は、どの程度身に付いているのか。以下のような視点で学びの力を確認します。

> ・質問に答えるだけでなく、説明や理由を加える等、詳しく伝えようとしているか。
> ・既習事項を用いて、正確に表現する技能を身に付けているか。
> ・相手の話を聞き、適切に応答できているか。　等々

　教師側にあらかじめ見る視点を備えておき、その視点（評価規準）で、生徒の話すことの力を測ります。

　今現在の生徒の学力を測定するのが1つ目の目的となります。

指導改善に活かす

　2つ目は、教師の〈**指導改善に活かす**〉ということです。評価することで、生徒の足りない点が見えてきます。それがイコール、教師の指導不足の点となります。

例えば生徒に単語テストをしたら、全然書けない実態に気付き、単語を書けるようにする指導を行います。音読させたら全然読めない生徒がいて、授業中に音読する時間を設け、せめて、つかえずに読めるように指導しようとします。現在進行形を用いて話させると、He helping the woman. と、be動詞が抜けてしまっている生徒がいたら、be動詞が入るように指導するというように、生徒の足りない部分に気付き、それを指導に活かすために、評価を行います。いわゆる形成的評価ということになります。

　そういう意味で、新課程における「学習評価」は、教師の指導改善を目指すものと同時に、学習者にとっても、学習意欲を高め、どのように学習していったらよいかを考える評価ということになります。

波及効果を期待する

　3つ目は、評価することによる〈波及効果〉です。評価することにより、生徒を学習に向かわせるということです。

　授業で学習しておきながら、それがテストに出ないようなことが続いたら、生徒はどうなるでしょうか。「どうせテストに出ないし…」と思って、授業を真剣に聞かなくなっていくかも知れません。

　授業で毎回 Small Talk を行っておきながら、話すことのテストはなく、ペーパーテストだけで評価を出していたらどうでしょうか。きっと生徒は、Small Talk に真剣に取り組まなくなり、ペアと日本語で会話する時間となっていくかも知れません。

　でも、どこかで話すことのテストを行うと、生徒も、「あっ、どこかでテストがされるな」「しっかり話す練習しなくては…」と思い、授業中の活動も真剣に取り組むようになるでしょう。

　〈評価をする〉ということが、新たな違う効果を生むのです。

　評価する→学習に真剣に取り組む→学力の向上につながる、というサイクルを作り出すことができるのです。

　これが、評価における〈波及効果〉です。

3 » 評価の際、
気を付けることは何？

説明責任を果たす

評価の留意点には、何があるでしょうか。

まず1つ目は、〈**説明責任**〉です。評価したことを、生徒や保護者に説明できるか、ということです。

そういう意味で、「主体的に学習に取り組む態度」を「ペーパーテストの結果をもって評価する」でよいのか、私には疑問です。ペーパーテストの「思考・判断・表現」の結果でもって、「主体的に学習に取り組む態度」を評価してしまってよいのでしょうか、ということです。

これは妥当性という視点（本章1参照）からも、一考の余地があるように思われます。

評価したことの意味を、生徒や保護者に説明できるということが、評価者の仕事であるとともに、評価する際に、常に考えておきたいことでもあります。

努力の方向性を示す

2つ目は、〈**努力の方向性**〉です。評価するだけでなく、努力の方向性を示すということです。

以前、私が中学校に勤めていた時に、通知表の成績が4の生徒がいました。夏休みの家庭訪問での保護者の一言が忘れません。

「うちの子は、どうしたら5になるのでしょうか」

その裏には、「これ以上、**どう努力したら**、5になるのでしょうか」という意味に聞こえました。定期テストの点では、満点ではないものの、90点

以上の得点がとれていました。

　これは、最初の〈説明責任〉と重なりますが、確かに5に至るまでには、足りないものがありました。それは、英語の活用力という面でした。そのことが、5までには至らなかった理由になります。ただ、その先が大事で、保護者は「今後、どう努力したらいいのでしょう」と私に問いかけているのです。私には、その場で適切な返答ができなかった記憶があります。

　実際、考えてもいなかった「問い」に対して、頭の中が真っ白になり、「そうか。どう努力したらいいんだろう」「私はそこまで考えていただろうか」と逡巡し、私の力不足を感じ、なんと返答したかも覚えていません。

　評価を下すということは、〈努力の方向性も示すこと〉の大切さを感じたときでした。これは、「学習評価」の考えに通ずるものかと思います。

公平性が保たれている

　3つ目の留意点は、〈公平性〉です。第6章でも述べますが、生徒のパフォーマンスは、きちんとしたパフォーマンステスト時に行うのが、最も公平だと思うのです。授業中のパフォーマンスは、**たまたま教師が見ていた**ということもあります。

　実際、小学生でしたが、児童が、I play cycling. と、play を使って言っていました。それを複数の友達に使って言っている姿を見ました。ここでは、「知識・技能」という面でこの児童に課題が見られることになります。

　しかし、その後の児童をよく観察していくと、途中で、I like cycling. と、like を使って言い換えていました。つまり、授業中のパフォーマンスは、**たまたまその場を見ていた**だけとなります。もしその後の観察がなかったら、そのまま c 評価だったでしょう。

　評定につながる評価は、常に公平性を意識すべきだと思います。

　何より、公平に評価するために、教師が「評価規準」と「評価基準」を持っていなくてはいけません。

　ブレのない「基準」を教師が持っていて、評価するのです。

4 » 評価には、どんな種類があるの?

〈診断的評価〉で理解度を探る

　評価には、３つの種類があります。大学の教科教育法等でも学びますので、よくご存じかと思いますが、確認のため、一度整理しておきます。

　教育学者のブルームは評価を３つに分けました。

　１つ目は、〈診断的評価〉と呼ばれるものです。

　これは、授業の開始前に、生徒の「知識や技能」を事前に測っておき、授業を進める上での参考にするというものです。「どこまでを理解していて、どこがまだ理解していないのか」を調べ、教育活動に活かすことです。

　また、授業が始まってからでも、〈診断的評価〉はできます。授業開始時、be動詞の理解がどの程度できているのかを確認してから、現在進行形の学習に入るような場合も、〈診断的評価〉と言えるでしょう。

　飛び込み授業のような形で、初めて出会う生徒を前に、授業を行う際、授業の冒頭で、いくつかの質問を英語で投げかけながら、どの程度、英語を用いて、考えや気持ちを伝え合うことができるのかを確認したり、簡単なクイズを出して、コミュニケーションを図ろうとする生徒の姿勢を確認したりするのも、〈診断的評価〉と言えます。

〈形成的評価〉で次の指導に活かす

　２つ目は、〈形成的評価〉です。

　これは、指導した内容が、どの程度理解できるのかを測り、次の指導に活かしていくもので、最も頻繁に行われている評価かと思います。

授業を進めながら、時々、生徒の様子を観察し、指導したことがどの程度できるようになったのかを見取りながら、不十分なら、再度指導を繰り返したり、補充したりしながら、学習内容の理解を深めさせていきます。

　評価したことを次の指導改善につなげるという意味では、新課程の「学習評価」という意味合いに近いものがあると言えるでしょう。

〈総括的評価〉で学力を評定する

　3つ目は、**〈総括的評価〉**です。

　「評定」と言ってもいいでしょう。ある一定期間における、最終的な学習の到達度を評価します。単元テストの結果や、定期テストの結果等を総合的に評価し、観点別に評価を出し、また、総合的に評定を産出します。

　いったんは、「評定」という形で、評価を出すものの、学習評価の考え方からすると、〈総括的評価〉もまた、次の指導改善、学習改善につながることを考えれば、〈形成的評価〉という一面も兼ね備えているといえます。

　なお、観点別学習状況では、

　　「十分満足できる」状況 …………………………………… A
　　「おおむね満足できる」状況 ……………………………… B
　　「努力を要する」状況 ……………………………………… C

の3段階で評価します。

　また、中学校の評定は、5段階で示し、次のようになります。

　　「十分満足できるもののうち、特に程度が高い」状況 … 5
　　「十分満足できる」状況 …………………………………… 4
　　「おおむね満足できる」状況 ……………………………… 3
　　「努力を要する」状況 ……………………………………… 2
　　「一層努力を要する」状況 ………………………………… 1

　そして、観点別評価から、評定への決定方法は、各学校で決めるとされています。

主体的、積極的、自主的、自発的ってどう違うの？

1つ前の学習指導要領（平成20年告示）の中学校外国語科の目標では、「**積極的に**コミュニケーションを図ろうとする態度」という文言でした。それが、現行の学習指導要領（平成29年告示）では、「**主体的に**外国語を用いてコミュニケーションを図ろうとする態度」と、〈主体的に〉が使われています。（※強調は筆者）

言葉が異なるということは、その持つ意味が異なるということです。

では、〈積極的〉と〈主体的〉とは、どう違うのでしょうか。

私は、次のように考えます。

〈積極的〉とは、「自分から進んで行動する様子」を表します。一方、〈主体的〉とは、「その行為の意味を理解し、どのように関わったらよいかを考えて行動する様子」と、ただ行うという行為だけでなく、そのことについて、「自ら考えて行動しよう」としている様子を含むと考えます。

よって、「積極的にコミュニケーションを図ろうとする態度」は、進んでコミュニケーションを行っていればいいのですが、「主体的にコミュニケーションを図ろうとする態度」では、コミュニケーションを行うことの意味を理解し、どのようにコミュニケーションを行ったらよいかを自ら考えながら、より良いコミュニケーションを取ろうとしている様子を示すのだと考えます。なので、より高度な態度と言えます。

同様に、似た言葉に、〈自主的〉と〈自発的〉があります。〈自主的〉は、「前もってやることがあり、それを自分から進んで行うこと」です。例えば、掃除の時間に、自分から進んで掃除している場合、【自主的に掃除をする】と使います。一方、〈自発的〉とは、「やることは決められていないが、自分で進んで取り組む様子」と捉えます。掃除を例にすると、教室が汚いので、他の人からやるように指示はないけれど、自分から考えて掃除を始めるような場合、【自発的に掃除をする】と使うのではないかと考えます。

本テーマである「主体的に学習に取り組む態度」は、取り組む学習について、どのように学習したらよいのか、学習の意味やプロセスを理解して取り組み、自ら考えて行動する様子を指すものと考えます。

「主体的に
学習に取り組む態度」を
考えるための基礎知識

1 » どうして「主体的に学習に取り組む態度」になったの？

なぜ、モヤモヤ感があるのか

　平成 29（2017）年告示の学習指導要領により、評価観点が、「関心・意欲・態度」から、「主体的に学習に取り組む態度」に変わりました。

　「関心・意欲・態度」の時から、私自身、よく分からなかったのですが、この「主体的に学習に取り組む態度」になっても、何を、どう評価するのか、いまだによく見えてこない部分があります。

　理由は、単純明快です。

　学習指導要領において、「主体的に学習に取り組む態度」に関する記述は、「外国語の目標」にはあっても、その後の、「各言語の目標（英語）」や「内容」の中にはないからです。

　だから、何を目指して指導すればよいのか、どのような態度が身に付けばよいのかが、明確になっていないまま、評価する時期になって、「あれ？困った」となるのです。

　まして、3 観点ですので、1 つの評価観点の比重は大きいのです。

しかし、突如出てきた言葉ではない !?

　元々、「主体的に学習に取り組む態度」は、2007 年の学校教育法改正により、学力が改めて規定された際に、用いられ始めました。

　つまり、新しい概念ではないのです。

　しかしながら、その後の学習指導要領の改訂も、評価観点は、「関心・意欲・態度」であったため、私たちは、「主体的に学習に取り組む態度」の趣旨に

気付かず、授業を行ってきていました。

　そして、今回の「主体的に学習に取り組む態度」です。

　今こそ、私たちが、**主体的に**「主体的に学習に取り組む態度」について、考え、取り組んでいきたい課題だと感じます。

　ちなみに、「知識・技能」や「思考・判断・表現」も、学校教育法第30条で使われ、平成29年告示の学習指導要領は、それらの学力に合わせた状態と言えます。

〈参考〉

学校教育法　第30条　第2項

　前項の場合においては、生涯にわたり学習する基盤が培われるよう、基礎的な知識及び技能を習得させるとともに、これらを活用して課題を解決するために必要な思考力、判断力、表現力その他の能力をはぐくみ、**主体的に学習に取り組む態度**を養うことに、特に意を用いなければならない。

（強調は筆者）

ここがポイント

2007年 学校教育法（第30条第2項）		2017年 学習指導要領改訂
学力の規定 ①基礎的な知識及び技能 ②思考力、判断力、表現力 　その他の能力 ③主体的に学習に取り組む 　態度		評価観点の見直し 　・知識・技能 　・思考・判断・表現 　・主体的に学習に取り組む 　　態度

2 ≫ 「関心・意欲・態度」と どう違うの？

評価は、改善へのヒント！

　日々の授業において、私たちは、指導を振り返って、次の指導に活かすようにしています。指導結果を評価し、次の指導に活かすといったことを日常的に行っていることでしょう。

　それと同じように文部科学省も教育の方向性を評価し、約10年ごとに学習指導要領を改訂し、改善を図っています。

　国もまた学習評価しているのです。

「関心・意欲・態度」から「主体的に学習に取り組む態度」へ

　不断の教育評価から、従来の「関心・意欲・態度」には、課題が残ることが分かり、今回の「主体的に学習に取り組む態度」になりました。

　では、どのようなところに、改善点があるのでしょうか。

　中央教育審議会（2016）から、見てみましょう（強調は筆者）。

・「主体的に学習に取り組む態度」については、**学習前の診断的評価のみで判断したり、挙手の回数やノートの取り方などの形式的な活動で評価したりするものではない。**

・子供たちが自ら学習の目標を持ち、進め方を見直しながら学習を進め、その過程を評価して新たな学習につなげるといった、**学習に関する自己調整を行いながら、粘り強く知識・技能を獲得したり思考・判断・表現**

> しようとしたりしているかどうかという、**意思的な側面を捉えて評価す**ることが求められる。（p.62）

　そして、上記のことを受け、「主体的に学習に取り組む態度」に改める理由を、次のように述べています。

> ・このことは現行の「関心・意欲・態度」の観点についても本来は同じ趣旨であるが、上述の挙手の回数やノートの取り方など、**性格や行動面の傾向が一時的に表出された場面を捉える評価であるような誤解が払拭**し切れていないのではないか、という問題点が長年指摘され現在に至ることから、「関心・意欲・態度」を改め「主体的に学習に取り組む態度」としたものである。（p.62）

　よって、従来の「関心・意欲・態度」から、一歩前進させた指導と評価を考えていかなくてはいけないということになります。

（参考）中央教育審議会（2016）.「幼稚園、小学校、中学校、高等学校及び特別支援学校の学習指導要領等の改善及び必要な方策等について（答申）」

ここがポイント

関心・意欲・態度 ×学習前の診断的評価 ×挙手の回数 ×ノートの取り方		主体的に学習に取り組む態度 ○学習に関する自己調整 ○粘り強い取組
（×形式的な活動）		（○意思的な側面）

3 » 「学びに向かう力、人間性等」の どこを評価？

「指導目標」と「評価観点」の文言の違い

　ここで1つ、確認しておきたいことがあります。それは、指導目標と評価観点の文言の違いです。

　指導目標では、「知識及び技能」ですが、評価観点では、「知識・技能」と表記します。同様に、「思考力、判断力、表現力等」は、「思考・判断・表現」となります。

　両者の文言は似ているのですが、最後の「学びに向かう力、人間性等」の評価観点は「主体的に学習に取り組む態度」と大きく異なります。

　指導案を作成する際には、これらの指導目標と評価観点の違いを理解し、記述する必要があるでしょう。

指導目標	評価観点
知識及び技能 思考力、判断力、表現力等 学びに向かう力、人間性等	知識・技能 思考・判断・表現 主体的に学習に取り組む態度

「学びに向かう力、人間性等」の何を評価？

　指導目標の3つ目の「学びに向かう力、人間性等」について、中央教育審議会（2016）は、次のように言い、観点別学習状況で評価できる部分と、個人内評価で行うものを分けて考えています（強調は筆者）。

> 「学びに向かう力・人間性等」に示された資質・能力には、感性や思いやりなど幅広いものが含まれるが、これらは観点別学習状況の評価になじむものではないことから、評価の観点としては学校教育法に示された「主体的に学習に取り組む態度」として設定し、**感性や思いやり等については観点別学習状況の評価の対象外**とする必要がある。(p.61)

これを踏まえ、国立教育政策研究所（2020）は、「参考資料」において次のように説明します。

> 答申において「学びに向かう力，人間性等」には，①「主体的に学習に取り組む態度」として**観点別学習状況の評価を通じて見取ることができる部分**と，②観点別学習状況の評価や評定にはなじまず，こうした評価では示しきれないことから**個人内評価を通じて見取る部分**があることに留意する必要があるとされている。すなわち，②については観点別学習状況の評価の対象外とする必要がある。(p.9)

このことは、「学びに向かう力・人間性等」において観点別評価として評価すべき内容と個人内評価として、生徒のがんばりや努力、思いやりや感性などを励ましの評価として行うことが示されています。

(参考) 国立教育政策研究所（2020）.『「指導と評価の一体化」のための学習評価に関する参考資料　中学校　外国語』

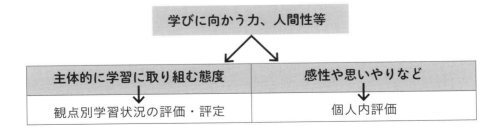

4 » 「資質・能力」のどの部分が、 「感性や思いやり」なの？

どこが個人内評価なの？

　「学びに向かう力、人間性等」は、観点別学習状況の評価・評定できる部分と、観点別学習状況の評価にはなじまない個人内評価として見取る部分があるということは、前節で確認しました。

　すると、学習指導要領の目標に記されている「学びに向かう力、人間性等」の「資質・能力」の中に、個人内評価で行う部分はどこか、ということです。

　『中学校学習指導要領（平成29年告示）』の目標にある「学びに向かう力、人間性等」の資質・能力は、次です。

（3）外国語の背景にある文化に対する理解を深め，聞き手，読み手，話し手，書き手に配慮しながら，主体的に外国語を用いてコミュニケーションを図ろうとする態度を養う。

　どこの部分が個人内評価なのでしょうか。

寛容や平和・国際貢献の精神が「感性や思いやり」

　『中学校学習指導要領（平成29年告示）解説（外国語）』（以下、解説書）では、個人内評価と思われる部分を次のように記しています（強調は筆者）。

> 外国語の学習を通して，**他者を配慮し受け入れる寛容の精神や平和・国際貢献などの精神**を獲得し，多面的思考ができるような人材を育てることも必要である。（p.15）

　ここでいうと、「他者を配慮し受け入れる寛容の精神」や「平和・国際貢献などの精神」が、「感性や思いやりなど」と考えてよいでしょう。

　これらは、個人内評価として、生徒の良い点や可能性、進歩の状況を伝え、学びを人生や社会に生かそうとする「学びに向かう力、人間性等」として、評価すればよいわけです。つまり評定には入れないということです。

生涯学習としての外国語教育

　さらに、解説書では、次のようにいい、生涯学習としての外国語教育を示唆しています。

> 学校教育外においても，**生涯にわたって継続して外国語習得に取り組もうとするといった態度**を養うことを目標としている。（p.16）

学びに向かう力、人間性等

主体的に学習に取り組む態度	感性や思いやりなど
• 外国語の背景にある文化への理解 • 聞き手，読み手，話し手，書き手への配慮 • 主体的にコミュニケーションを図ろうとする態度	• 寛容さ • 平和への思い • 国際貢献、国際協調 • 公正な判断力 • 豊かな心情　など
〔観点別評価〕	〔個人内評価〕

5 » 「主体的に学習に取り組む態度」のポイントのまとめ

「主体的に学習に取り組む態度」のポイントとは？

さて、「主体的に学習に取り組む態度」がどのようにして設定されたか概略を確認しましたので、重なる部分がありますが、「主体的に学習に取り組む態度」のポイントを整理していきたいと思います。

ここからは、「参考資料」で確認していきます（強調は筆者）。

「主体的に学習に取り組む態度」の評価に際しては，**単に継続的な行動や積極的な発言を行うなど，性格や行動面の傾向を評価するということではなく**，各教科等の「主体的に学習に取り組む態度」に係る観点の趣旨に照らして，知識及び技能を習得したり，思考力，判断力，表現力等を身に付けたりするために，**自らの学習状況を把握し，学習の進め方について試行錯誤するなど自らの学習を調整しながら，学ぼうとしているかどうかという意思的な側面を評価する**ことが重要である。(pp.9-10)
注）単に：そう単純なことではない意を表す。（広辞苑）

評価には、２つの側面がある！

その後、次のように解説が続きます。

本観点に基づく評価は，「主体的に学習に取り組む態度」に係る各教科等の評価の観点の趣旨に照らして，
① 知識及び技能を獲得したり，思考力，判断力，表現力等を身に付け

たりすることに向けた**粘り強い取組を行おうとしている側面**
② ①の粘り強い取組を行う中で、**自らの学習を調整しようとする側面**
という二つの側面を評価することが求められる。(p.10)

評価方法には、何があるの？

　評価の仕方については、次のような具体的な場面をあげています。

　　具体的な評価の方法としては、ノートやレポート等における**記述**、授業中の**発言**、教師による**行動観察**や児童生徒による**自己評価や相互評価**等の状況を、**教師が評価を行う際に考慮する材料の一つとして用いる**ことなどが考えられる。(p.10)

　「記述」「発言」「観察」「自己評価・相互評価」等の状況については、あくまでも評価を行う際の材料の一つとしつつ、例を示しています。
　元々、「主体的に学習に取り組む態度」は、各教科の観点の趣旨に照らして評価することから、上記の具体的な評価場面が外国語にも通用するかは、よく考える必要があります。
　次章では、「外国語科」における「主体的に学習に取り組む態度」について、皆さんと考えてみたいと思います。

評価の対象	評価の方法
・学習に対して粘り強く取り組む側面	・記述 ・発言 ・観察
・自らの学習を調整している側面	・自己評価・相互評価　など ○上記を「参考に」評価する。

第1章のまとめ

　第1章では、第2章以降を考える上で、基礎的な知識として、「主体的に学習に取り組む態度」についての背景知識を整理しました。

　1つ目は、「『主体的に学習に取り組む態度』というのは、何も新しい概念ではないこと」ということです。既に、2007年の学校教育法の改正により、学力が改めて規定された際に、用いられている表記であることです。今になって使われた言葉ではないということを確認しました。

　2つ目は、「従前の『関心・意欲・態度』からの改善」です。文部科学省が教育課程の評価を不断に行い、その結果、「関心・意欲・態度」の評価において、形式的な活動で評価する面が見られました。本来の「児童生徒が学習に向かうプロセス」に重きを置いていなかったことの反省です。そこで、平成29年改訂の学習指導要領において、全ての教科・領域において、3つの評価観点とし、指導改善を図ることがねらいとなっています。

　3つ目は、「では、『学びに向かう力、人間性等』の何を評価するのか」ということを確認しました。観点別学習状況で評価できる部分と、個人内評価として評価する部分とに分かれることがあることが分かりました。

　4つ目は、個人内評価する部分の「感性や思いやりなど」には、何があるのかを見ていきました。学習指導要領の解説編から、例えば、「寛容さ」や「平和への思い」「世界貢献、国際協調」「公正な判断力」「豊かな心情」などがそこに当てはまると考えました。そのような人間性を豊かにする部分は、一人一人の持つ良さや可能性、進歩の状況を生徒に伝え、評定に加味せず、外国語の能力以外は、個人内評価として見取る線引きも、教師には必要になってくると考えます。

　最後の5つ目は、「『主体的に学習に取り組む態度』の骨格」です。評価の対象を「粘り強い取組」と「自己調整」から、生徒を取り組む態度を見取り、評価には、「記述、発言、行動観察、自己評価・相互評価など」の方法が例示されていることを確認しました。

　第2章以降では、いよいよ本題の「外国語における『主体的に学習に取り組む態度』」について、見ていきたいと思います。

「主体的に学習に取り組む態度」のポイント

1 ≫ 中学校外国語科における観点趣旨を知る

各教科等の観点の趣旨に照らして評価する

　いよいよ本題である、外国語科における「主体的に学習に取り組む態度」について、考えていきたいと思います。

　「参考資料」によると、「各教科等の『主体的に学習に取り組む態度』に係る観点の趣旨に照らして（中略）評価する」（pp.9-10）とあるので、まずは、中学校の外国語科における「主体的に学習に取り組む態度」の観点の趣旨を「参考資料」で確認したいと思います（強調は筆者）。

○「主体的に学習に取り組む態度」のポイント

- 「主体的に学習に取り組む態度」は，外国語の背景にある文化に対する理解を深め，聞き手，読み手，話し手，書き手に配慮しながら，**主体的に外国語を用いてコミュニケーションを図ろうとしている状況**を評価する。

- 具体的には，「話すこと［やり取り］」，「話すこと［発表］」，「書くこと」は，日常的な話題や社会的な話題などについて，目的や場面，状況などに応じて，事実や自分の考え，気持ちなどを，簡単な語句や文を用いて，話したり書いたりして表現したり伝えあったりしようとしている状況を評価する。

- 「聞くこと」，「読むこと」は，コミュニケーションを行う目的や場面，

状況などに応じて，日常的な話題や社会的な話題などについて話されたり書かれたりする文章を聞いたり読んだりして，必要な情報や概要，要点を捉えようとしている状況を評価する。

- 上記の側面と併せて，**言語活動への取組に関して見通しを立てたり振り返ったりして自らの学習を自覚的に捉えている状況**について，特定の領域・単元だけではなく，年間を通じて評価する。（pp.30-31）

つまり、簡単に考えると次の２つを評価すればいいことが分かります。

☞主体的に外国語を用いてコミュニケーションを図ろうとしている状況

☞言語活動への取組に関して見通しを立てたり振り返ったりして自らの学習を自覚的に捉えている状況

ここがポイント

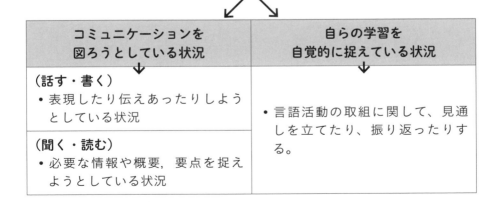

中学校外国語科における「主体的に学習に取り組む態度」の観点趣旨	
コミュニケーションを図ろうとしている状況	自らの学習を自覚的に捉えている状況
（話す・書く） • 表現したり伝えあったりしようとしている状況	• 言語活動の取組に関して、見通しを立てたり、振り返ったりする。
（聞く・読む） • 必要な情報や概要，要点を捉えようとしている状況	

2 ≫ 何を評価するのか、評価規準を知る

「内容のまとまりごとの評価規準」から姿を探る

　前節において、「主体的に学習に取り組む態度」には、「コミュニケーションを図ろうとする状況」と「自らの学習を自覚的に捉えている状況」の2つの方向性で評価をすればいいことが確認できました。では、「コミュニケーションを図ろうとする状況」とは、どのような姿なのでしょうか。

　ここのところを、イメージできなければ、私たちに評価は疎か指導することもできません。「参考資料」には、内容のまとまりごとの評価規準が示されていますので、それが1つの生徒の姿と考えることができるでしょう。

領域	評価規準（主体的に学習に取り組む態度）
聞くこと	外国語の背景にある文化に対する理解を深め，話し手に配慮しながら，主体的に英語で話されることを聞こうとしている。
読むこと	外国語の背景にある文化に対する理解を深め，書き手に配慮しながら，主体的に英語で書かれたことを読もうとしている。
話すこと[やり取り]	外国語の背景にある文化に対する理解を深め，聞き手，話し手に配慮しながら，主体的に英語を用いて伝え合おうとしている。
話すこと[発表]	外国語の背景にある文化に対する理解を深め，聞き手に配慮しながら，主体的に英語を用いて話そうとしている。
書くこと	外国語の背景にある文化に対する理解を深め，聞き手，読み手，話し手，書き手に配慮しながら，主体的に英語を用いて書こうとしている。

参考資料（pp.33-34）

このような生徒を目指す

　よって、次のような生徒を育てればいいということです。

---

①話し手に配慮し、主体的に聞こうとする生徒。
②書き手に配慮し、主体的に読もうとする生徒。
③聞き手、話し手に配慮し、主体的に伝え合う生徒。
④聞き手に配慮し、主体的に話そうとする生徒。
⑤聞き手、読み手、話し手、書き手に配慮し、主体的に書こうとする生徒。

　しかし、「話し手に配慮」とは、どのような姿なのでしょうか。
　「主体的に聞こうとしている」は、生徒がどのように聞いていればいいのでしょうか。
　次は、具体的な生徒の姿について見ていきたいと思います。

ここがポイント

内容のまとまりごとの評価規準

領域	他者への配慮	主体的に〜しようとしている
聞く	・話し手	・（主体的に）聞こうとしている。
読む	・書き手	・（主体的に）読もうとしている。
話す（やりとり）	・聞き手や話し手	・（主体的に）伝え合おうとしている。
話す（発表）	・聞き手	・（主体的に）話そうとしている。
書く	・読み手	・（主体的に）書こうとしている。

3 》 生徒の望ましい 具体的な姿を思い浮かべる

「他者への配慮」とはどういうことなの？

　「聞き手，読み手，話し手，書き手への配慮」とは、一体どういうことを言うのでしょうか。1つの根拠を学習指導要領の「解説編」から見つけました（強調は筆者）。

> 　「聞き手，読み手，話し手，書き手に配慮しながら」については，（2）でも述べたとおり，例えば「話すこと」や「聞くこと」の活動であれば，**相手の理解を確かめながら話したり，**相手が言ったことを**共感的に受け止める言葉を返しながら聞いたりする**ことなどが考えられる。
> 『中学校学習指導要領（平成29年告示）解説　外国語』（p.15）

　「解説編」に、「配慮」についての例示があることが救いでした。
　（何事も、独りよがりで考えるのではなく、文部科学省はどのように捉えているのかを根拠づけながら、考えることが大切だと思っています）

具体的な姿を思い描くことが大事！

　さて、「話すこと」では、「相手の理解を確かめながら話したりする」ことが、聞き手に配慮している姿の1つであるとしています。
　ということは、会話の途中で、You know what I mean?（私の言っていることが分かりますか）や、Are you with me?（分かりますか）と確認したり、Do you have any questions?（質問ありますか）と投げかけてみたり、

How about you?（あなたは？）と相手の考えや気持ちを尋ねたりしながら、話題の共有化を図ろうとしている姿が見られれば、「主体的にコミュニケーションを図ろうとする状況」が評価できるということになります。

「思考・判断・表現」と一体的に評価できる！

同時に、そのような能力が見られるとしたら、この場合「思考・判断・表現」でも評価することができます。

なぜなら、「解説編」の引用に、「（2）でも述べたとおり」とあります。（2）は「思考・判断・表現」ですので、「相手の理解を確かめながら話したり」できることは、「思考・判断・表現」としての能力もあるということになります。

このことが、「主体的に学習に取り組む態度」は、状況により、「思考・判断・表現」と一体的に評価できると考える所以と考えます。

評価規準
聞き手に配慮しながら、話そうとしている。

具体的な姿
・相手の理解を確かめながら、話そうとしている。 ・相手に聞こえる声量で話している。 ・理解できるように、はっきりと話そうとしている。

4 》 「学びに向かう力」の プロセスを知る

「自らの学習を自覚的に捉えている状況」の学習プロセス

　「主体的に学習に取り組む態度」の観点趣旨の２つ目は、「言語活動への取組に関して見通しを立てたり振り返ったりして自らの学習を自覚的に捉えている状況」です。その「学びのプロセス」について、理解しておきましょう。学習指導要領では、次の４つのステップを示しています。

---

①設定されたコミュニケーションの目的や場面，状況等を**理解する**。
②目的に応じて情報や意見などを発信するまでの**方向性を決定し**，コミュニケーションの**見通しを立てる**。
③目的達成のため，**具体的なコミュニケーションを行う**。
④言語面・内容面で**自ら学習のまとめと振り返りを行う**。
　　　　　『中学校学習指導要領（平成 29 年告示）解説　外国語』（p.13）

　これと同じことが櫻井茂男氏の著書でも取り上げられています。

櫻井茂男氏の「自ら学ぶ意欲のプロセスモデル」から

　櫻井氏は、「自ら学ぶ意欲のプロセスモデル」を提案しています。櫻井氏のモデルを、簡略化して、私なりに解説していきたいと思います。
　まず生徒は、学習課題という「情報」が入ってきます。その情報に対して、４つの〈心理的欲求〉が働きます。
　１つ目の欲求は、課題が与えられ、面白いと思えば、そこに「知的好奇心」

が働きます。

　2つ目の欲求は、課題に取り組むことで、自らが賢くなると思えば、「自己有能性への欲求」が働きます。

　3つ目の欲求は、課題に取り組む中で、クラスの人やグループの人の役に立ち、自分が貢献できると思えば、「向社会的欲求」が働きます。

　4つ目の欲求は、課題を行うことは、将来の自分の夢を達成することに役に立つと思えれば、「自己実現の欲求」が働きます。

　もし、そのような〈欲求〉が、湧かないようであれば、課題に取り組むレディネスが形成できるよう、指導の工夫が必要となります。

　その後、課題解決への「見通し」、「学習活動」、「振り返り」を経て、「学びに向かう力」が育成されるという構図です。

（参考）櫻井茂男（2020）.『学びの「エンゲージメント」―主体的に学習に取り組む態度の評価と育て方―』.図書文化社

ここがポイント

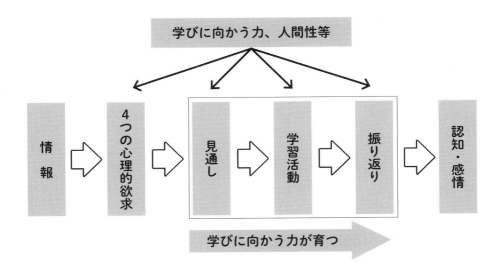

5 » 評価の「妥当性」を考える

ペーパーテストで「主体的に学習に取り組む態度」は測れるの？

〈妥当性〉を考えた場合、単純に考えて、ペーパーテストで、「主体的に学習に取り組む態度」は評価できるでしょうか。

例えば、「参考資料」に、次があります。

「聞くこと」のペーパーテストを行い、そこでの評価になります。

> ・「思考・判断・表現」及び「主体的に学習に取り組む態度」については，ペーパーテストの結果から「c」としている。(p.70)

「主体的に学習に取り組む態度」を、ペーパーテストで測るというのです。それでいいのでしょうか。そもそも「主体的に学習に取り組む態度」はペーパーテストで測れるのでしょうか、と私は、考えてしまうのです。

「思考・判断・表現」と同じ評価を付ければいいの？

「参考資料」を読むと、至るところで、「主体的に学習に取り組む態度」は、「思考・判断・表現」と一体的に評価するという記述が見られます。

その結果、「思考・判断・表現」の評価結果を「主体的に学習に取り組む態度」の評価とする事例もあります。

> ・「主体的に学習に取り組む態度」は「思考・判断・表現」と一体的に評価し「c」とした。(p.70)

しかし、これでいいのでしょうかと、また私は思ってしまいます。

「一体的」というのを、「同時に」なら理解はできるのですが、「思考・判断・表現」の評価結果を、そのまま「主体的に学習に取り組む態度」に充てるとしたら、これは〈妥当性〉の観点から、よいのか疑問に思います。

私はやはり「態度」は、パフォーマンスでしか評価できないと思うのです。

「知識・技能」「思考・判断・表現」と違いがあってはいけない？

よく、次のような発言をされる先生がいます。

「他の観点の評価が高くなければ、『主体的に学習に取り組む態度』も、必然的に高い評価にはならない。なぜなら、『主体的に学習に取り組む態度』が高ければ、他の観点でもよい評価が得られるはずである」

もちろん３観点間には、相関が強く見られるかと思いますが、最初から決めつけるのはどうかと思います。

そうでないと、「結果オーライ」となってしまいます。

ちなみに、中央教育審議会（2019）では、次のように言い、ばらつきがあることを想定しています（強調は筆者）。

仮に、単元末や学期末、学年末の結果として算出された評価の結果が「知識・技能」、「思考・判断・表現」、「主体的に学習に取り組む態度」の**各観点について、「ＣＣＡ」や「ＡＡＣ」といったばらつきのあるものとなった場合には**、児童生徒の実態や教師の授業の在り方などそのばらつきの原因を検討し、必要に応じて、児童生徒への支援を行い、児童生徒の学習や教師の指導の改善を図るなど速やかな対応が求められる。

（参考）中央教育審議会（2019）.「児童生徒の学習評価の在り方について（報告）」

6 ≫ 評価の「信頼性」を考える

なぜ、〈信頼性〉が大事か

　〈信頼性〉は、測る基準が一定で、何度評価しても、誰が評価しても、同じ結果になるような安定した評価にするための欠かせない要素となります。

　私は、仕事柄、学生の作文やレポート、スピーチなどのパフォーマンスを評価することがあります。一人一人の良さがその都度見えてきて、徐々に評価がブレ始めます。見る視点がずれていくのです。

　しかし、1人目と5人目で、評価の視点が異なっては、評価の〈信頼性〉は確保できません。

　最初のうちは、新鮮で、「すごい！」「よくできる」と思ってはいても、だんだんと同じようなパフォーマンスを見ると、その後のパフォーマンスに新鮮さを感じず、それが評価に影響してしまうことも出てきてしまいます。

　それでは、安定した評価になりません。

〈信頼性〉を高めるための「評価基準（ルーブリック）」

　そこで、評価規準とともに、評価基準（ルーブリック）をしっかり教師側で作成し、その基準に従って評価するようにしています。

　そして、評価基準を手元に置いておき、評価に迷ったとき、その基準を見ながら、評価するのです。

　そうしないと、判断基準がブレてしまうのです。

　例えば、「聞き手に配慮しながら、話そうとしている」を評価するとし、評価基準（ルーブリック）を次のように作成します。

そして、その姿が見られたら、評価を確定することができます。

手元に置いておき、いつでも振り返られるようにしておきます。

a	相手の理解を確かめながら、話そうとしている。
b	相手に聞こえる声量で話している。 理解できるように、はっきりと話そうとしている。 相手の目を見ながら、話そうとしている。
c	b の項目が確認できない。

評価回数が増えれば、〈信頼性〉が高まる

　また、〈信頼性〉を高めるためには、評価回数を増やすことです。

　学期末の1回で評価し、その結果がBとなりました。しかし、たった1回の評価で、その結果に自信が持てるでしょうか。

　それよりも、単元毎に評価を積み重ね、b,b,c,b という結果が出ていれば、評定はBと自信を持って評定することができるかと思います。

ここがポイント

7 » 評価の「実行可能性」を考える

実際にできる評価を考える

　どんなに理想的な評価方法でも、実際に活用することに困難を感じたり、時間がかかったりしていては、運用することはできません。

　評価を行う際の〈実行可能性〉も、評価にとっての大事な要素です。

　特に、「主体的に学習に取り組む態度」については、理想はそうであっても、実際には、評価しきれない部分があります。

　時間をかければできることでも、教師にも時間の制限があります。

　また、〈妥当性〉という面からも、実行することに困難が予想されることもあります。まして、働き方改革と言われる現在、できるだけ効率よく評価はしたいものです。

評価可能な側面と、評価に困難を感じる側面

　「主体的に学習に取り組む態度」は、2つの視点で評価します。

　1つ目の「主体的にコミュニケーションを図ろうとしている状況」は、どちらかというと、生徒の行動として現れるので、比較的評価しやすいと言えます。

　もう1つの「自らの学習を自覚的に捉えている状況」は、生徒の行動の内面や学習プロセスを評価することから、評価には困難な面が想定されます。

生徒の内面を「見える化」する

　英語授業を4クラス受け持っているとします。すると1クラスに35人いれば、生徒は140人です。140人のすべてに対して、本当に、「自らの学習を自覚的に捉えている状況」を評価することができるのでしょうか。

　もし行うとすれば、〈妥当性〉には課題がありますが、次のようなワークシートを作成し、**実際の言語活動（パフォーマンス）とともに**、「自らの学習を自覚的に捉えている」様子を評価することが考えられます。

　1人1人を、授業中の観察で見取れない分、参考資料として、生徒の内面が知れるような項目を入れ、生徒の学びの足跡を確認していきます。

課題「友達の良さをクラスのみんなに伝えよう」

見通し

①どんな目標を持って、課題に取り組みますか。3つ目標を書いてみよう。

- ・
- ・
- ・

②友達の良さを引き出すために、どんな質問をしたらよいか考えよう。

（　　　　　　　　　　　　　　　　　　　　　　　　　　　　　　　）

学習活動

③友達のことで分かったこと、もっと知りたいことを書きましょう。

　〈第○時〉

　〈第○時〉

振り返り

④活動に向けて、あなたはどのような気持ちで取り組みましたか。
　また、活動を振り返り、目標の達成度はどの程度でしたか。

---

8 ≫ 「評価規準」を作成する

文末を「〜しようとしている」にする

　では、評価するために必要な「評価規準」について、考えていきたいと思います。まず、最も簡単に作成するためには、「思考・判断・表現」の評価規準の文末を「〜しようとしている」に変えれば簡単です。

　これで、形式上は作成することができます。

例)

「思考・判断・表現」
クラスのみんながお互いをもっとよく知るために、友達にインタビューした内容を整理して、伝え**ている**。

↓

「主体的に学習に取り組む態度」
クラスのみんながお互いをもっとよく知るために、友達にインタビューした内容を整理して、伝え**ようとしている**。

　しかし、作成は簡単でも、これは実効性のある評価規準となっているのでしょうか。

　上記のように、文末を「〜しようとしている」に変えれば、おそらく誰も文句は言いません。なぜなら、「参考資料」にそう書かれているからです。

　でも、これでは生徒の姿が見えません。

　どのように伝えようとしていればよいのかが、見えてこないのです。

より実効性のある評価規準に

　そこで、具体的に考えてみましょう。

　例えば、みんなに伝えようという気持ちがあれば、教室の後ろまで、声を届けようとするでしょう。つまり、「声量」です。

　また、伝える気持ちがあれば、理解できるような英語を用いて「はっきりと話す」こともするでしょう。

　さらに、視覚物がある場合は、その提示方法も、みんなにしっかり見えるようにするかと思います。思いを伝えるためにジェスチャーを交えるかも知れません。これらは、〔態度面〕になります。

　また、伝えようとする〔内容面〕で考えると、友達の良さをよりよく理解してもらうために、「具体的な例を示す」こともするかもしれません。

　また、既にみんなが知っていることよりも、みんなが知らなそうなことを話し、「え？そうなんだ」と思うような「新情報を伝えようとする」かもしれません。

　なお、これらの〔内容面〕は、「思考・判断・表現」と重なる部分となります。

ここがポイント

思考・判断・表現

クラスのみんながお互いをもっとよく知るために、友達のことを紹介し合っている。

主体的に学習に取り組む態度

〔態度面〕伝えようという気持ちを持ち、はっきりとした英語で話そうとしている。

主体的に学習に取り組む態度

〔内容面〕伝えようという気持ちを持ち、具体例を入れ、伝わりやすくしようとしている。

9 » 「評価基準」を作成する

話すこと（発表）を測る評価基準

　評価規準ができたら、評価基準（ルーブリック）を作成しなくてはいけません。どの程度なら、評価は、a なのか、b なのか、c なのかの判断材料です。
　例えば、話すこと（発表）で、パフォーマンス評価をするとします。
　次が評価規準だとします。

「思考・判断・表現」
クラスのみんながお互いをもっとよく知るために、友達にインタビューした内容を整理して、伝えている。

「主体的に学習に取り組む態度」
伝えようという気持ちを持ち、はっきりとした英語で話そうとしている。

　この評価規準を b 評価として、ルーブリックに入れます。
　つまり、これができれば合格ということになります。
　あとは、b 評価と差をつけ、a 評価を考えます。
　「十分に」や「効果的に」「適切に」「相手の反応に合わせて」のような程度を設け、評価の視点を加えます。すると、次のような評価基準ができます。
　「主体的に学習に取り組む態度」の評価では、ぼそぼそと話すのではなく、はっきりと話せていれば、b 評価、はっきりと話しつつ、クラス全員に聞こえる声で話していれば、a 評価と判断し、評価します。

	思考・判断・表現	主体的に学習に取り組む態度
a	クラスのみんながお互いをもっとよく知るために、友達にインタビューした内容を整理して、**具体例を入れる等、効果的に伝えている。**	伝えようという気持ちを持ち、**クラス全員に聞こえる声で、**はっきりとした英語で話そうとしている。
b	クラスのみんながお互いをもっとよく知るために、友達にインタビューした内容を整理して、伝えている。	伝えようという気持ちを持ち、はっきりとした英語で話そうとしている。
c	b にまでは達しない。	

　また、この態度が、一時的なものにならないよう、指導を継続し、その態度が定着するところまで見届けます。

何ができればよいのか、どこまでできればよいのか「基準」を作る

　私たち教師が授業前に行うことは、指導内容に対して、生徒がどこまで身に付ければよいのかの〈目標〉とそれをどう評価するかという〈評価規準〉と〈評価基準〉の策定です。その後、授業に入り、指導を行い、評価・振り返りを行います。

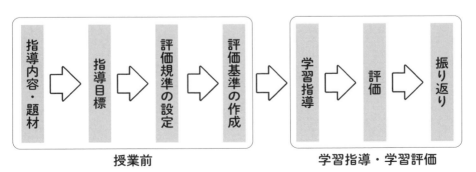

指導内容・題材 ⇨ 指導目標 ⇨ 評価規準の設定 ⇨ 評価基準の作成 ⇨ 学習指導 ⇨ 評価 ⇨ 振り返り

授業前　　　　　　　　　　学習指導・学習評価

10 » 「学びに向かう力」を考える

英語そのものを学ぼうとする「学びに向かう力」

　「学びに向かう力」は、「主体的に外国語を用いてコミュニケーションを図ろうとしている状況」や、「自らの学習を自覚的に捉えている状況（以下、自己調整）」を評価することとしています。

　そして、その自己調整は、「言語活動の取組に関して」（「参考資料」, p.31）とあり、「言語活動」に限定して述べていますが、実は「英語そのものを学ぼうとする」際にも大事だと、私は考えます。

　つまり、「知識及び技能」を身に付けていこうとする「学びに向かう力」も大切なのではないかと思うのです。

　学習指導要領では、「知識」は実際のコミュニケーションにおいて活用できる「技能」として育てることから、「言語活動を通して」としていますが、練習活動の際の「学びに向かう力」も大事だと考えるのです。

「知識・技能」と「主体的に学習に取り組む態度」

　例えば、「学びに向かう力」として、学習した表現を正確に用いて話そうとしたり、練習しようとしたりすることは、大事な学習です。なぜなら、そのような学習を意図的に継続していけば、学力の向上が図られることでしょう。

　逆に、学習した表現を用いようとせず、無目的に、どれだけ練習を積んでも、学びの方向性が違う方向を向いていれば、いくら時間を費やしても、「知識及び技能」は、身に付かないでしょう。

「知識・技能」を身に付けるのも、「学びに向かう力」が働く

　単語練習を例に考えてみましょう。

　無目的にノートに何回も書いて練習するのと、音と文字とを一致させながら、声に出し、綴りを書いていくのとでは、おそらく達成度は異なります。

　さらに、練習した後に、どのくらい書けるようになったのか、自己チェックを行い、まだ覚えていない単語は、再度練習するといった自己調整を図りつつ行えば、単語を正確に書ける力が養われます。

　このような学習過程を経ることで、英語の「知識及び技能」が習得され、単語を正確に綴れるようになっていくことも、「学びに向かう力」と考えるのです。

　「主体的に学習に取り組む」とは、学習の意味を理解し、目標を自覚し、学習方略を様々試しながら、よりよく学んでいく姿と言えます。

　そして、そのような主体的に学習に取り組む姿勢は、必ず学力に反映されます。そういう意味でも、「主体的に学習に取り組む態度」は、「知識及び技能」における学習においても、必要な態度であると考えるのです。

ここがポイント

「学びに向かう力」	
「知識・技能」の習得・活用	「思考・判断・表現」を働かせた言語活動
• 学習したことを正確に用いて練習しようとする。 • 学習方法を様々試す。	• 主体的にコミュニケーションを図ろうとしている。
• 知識や技能を習得する際に、見通しを立てたり振り返ったりして自らの学習を自覚的に捉えている。	• 言語活動への取組に関して見通しを立てたり振り返ったりして自らの学習を自覚的に捉えている。

第2章のまとめ

　第２章では、外国語科における「主体的に学習に取り組む態度」を考えていきました。「主体的に学習に取り組む態度」を考えていくにあたり、いくつか、疑問点を整理します。

　１つ目は、「主体的に学習に取り組む態度」の評価規準は、「思考・判断・表現」の文末を「〜しようとしている」に変えればいいという発想です。その理由には、「主体的に学習に取り組む態度」は、「思考・判断・表現」と一体的に評価するということがあります。作成する側からすると、文末だけを変えればいいので、非常に効率的です。しかし、その分、「主体的に学習に取り組む態度」では、何をどう評価すればいいのか、具体的な姿が見えてこないのではないでしょうか。そこをもう一歩、重点化させ、育てたい態度を、より端的に記載したらどうかと考えるのです。

　２つ目は、「『主体的に学習に取り組む態度』は、『思考・判断・表現』と一体的に評価する」という部分です。「一体的」とは、評価場面が一緒であるということで、評価結果を揃えるということではありません。観点がある限りは、あくまでも評価は別個につけるべきだと考えます。「思考・判断・表現」の評価が低いのに、「主体的に学習に取り組む態度」の評価が高いはずはないというのでは、「結果がすべて」になります。はじめから「評価を同じにする」ではなく、結果として一致していたというならば、賛成です。

　３つ目は、「主体的に学習に取り組む態度」を「思考・判断・表現」と一体的に評価すると同時に、「知識・技能」と一体的に見取る場合もあるのではないかと考えるのです。元々の指導目標の文言は、「学びに向かう力」です。生徒を学びに向かわせるのは、「思考・判断・表現」の場だけではありません。「学習した表現を正確に言って練習しようとする姿」は、知識・技能を身に付けるのに大事なことです。立派な「学びに向かう力」だと考えるのです。

　４つ目は、評価することの「妥当性」です。「主体的に学習に取り組む態度」をペーパーテストで測れるのでしょうかという問題です。又、ワークシートで測れるのでしょうかということです。それらでもって評価するというのは、妥当性という視点で、厳しいものがあると思います。

「主体的に学習に取り組む態度」におけるCAN-DO

1 » 「聞くこと」における 「主体的に学習に取り組む態度」

「聞くこと」の目標と「まとまりごとの評価規準」

　目標と評価規準は、以下になります（強調は筆者）。

指導目標

知識及び技能	思考力、判断力、表現力等	学びに向かう力、人間性等
ア　はっきりと話されれば，日常的な話題について，**必要な情報**を聞き取ることができるようにする。 イ　はっきりと話されれば，日常的な話題について，**話の概要**を捉えることができるようにする。 ウ　はっきりと話されれば，社会的な話題について，**短い説明の要点**を捉えることができるようにする。		

評価規準

知識及び技能	思考力、判断力、表現力等	主体的に学習に取り組む態度
［知識］　英語の特徴やきまりに関する事項を理解している。 ［技能］　実際のコミュニケーションにおいて，日常的な話題や社会的な話題について，はっきりと話された文章等を聞いて，その内容を捉える技能を身に付けている。	コミュニケーションを行う目的や場面，状況などに応じて，日常的な話題や社会的な話題についてはっきりと話される文章を聞いて，必要な情報や概要，要点を捉えている。	外国語の背景にある文化に対する理解を深め，**話し手に配慮しながら，主体的に英語で話されることを聞こうとしている。**

「話し手に配慮する」とは？

　「話し手に配慮して聞く」とは、どういうことでしょうか。どういう態度となって現れるのでしょうか。

1　聞いていることを相手に伝える

　大学生が授業でスピーチをしているとき、私はときどき、聞いている学生を意図的に見ることがあります。ほとんどの学生は、スピーカーを見て聞いています。ときには、頷きながら反応している学生もいます。そして、楽しいときは、笑い、びっくりした時には、驚いた表情をします。

　話を聞きながら、相づちを打ったり、質問されたら適切に答えたりすることも、話を聞いていることを話し手に伝えることにつながります。

　無表情で聞かれるよりか、なんらかの反応があるほうが、話し手にとっては、話しやすくなるでしょう。

2　相手の話に興味を示す

　話す意欲の原動力は、なんといっても聞いている人が興味を持って話を聞いてくれることではないでしょうか。興味を持って話を聞いてくれると嬉しく感じ、だんだんと話にも熱がこもります。聞き手の反応が、フィードバックとして、話し手に伝わるのです。

　もっと深く知りたいと思えば、聞き手は質問するでしょうし、視覚物が提示されれば、それをもっとよく見ようと、聞き手は前のめりになるでしょう。

3　話し手の意図を掴む

　話し手がうまく自分の思いを伝えられないとき、無言でいるのではなく、「こういうこと？」と、他の語句で言い換え、話し手の意図を理解していることを示すことも、話し手への配慮となります。

　また、もし、相手の話が分からなくなってきたら質問し、理解度の調整を図り、話し手の意図を正しく掴もうと思う気持ちも話し手への配慮になりますし、同時に、次の「主体的に聞く」も重なります。

　さらに、話し手の発言を遮るのではなく、話を最後まで聞くことも大事な配慮となってきます。

「主体的に聞く」ってどんな姿？

「主体的に聞く」とは、どのような姿となって現れるのでしょうか。

1 分からないことがあったら尋ねる

分からないことをそのままにするのではなく、分かろうとする姿、これは「主体的に聞く」といえるでしょう。

話し手のメッセージを理解するのが、聞き手の役割です。

その際、分からないことを分かろうとしなかったり、分からないことをそのままにしておいたりする姿は、「主体的に聞いている」とは言えません。

2 話の内容を確認する

聞き手の理解と、話し手の伝えたいことには、時々ズレが生じます。そのようなときに、主体的に聞こうとしていれば、そのズレを埋めようとするでしょう。例えば、話し手が、I saw Mr. Yamada at the shop.（山田先生に会った）と言えば、Did you see Mr.Yamada?（山田先生に会ったの？）と確認したりすることは、聞いた内容の真偽を確かめることになります。

3 「情報や概要、要点」を掴もうと聞く

話を理解するためには、話の中の「情報」を聞き取ったり、「概要」を掴んだり、「要点」を掴み、話し手の伝えたいことを理解しようと聞こうとします。しかしこれについては、行動として現れないので、情報や概要、要点を聞き取ろうとしているかどうかを判別するには難しいところがあります。

4 メモを取る

「主体的に聞く」という場合、聞いて終わりでなく、その後、討論したり、質問したり、聞いた内容をもとに、自分の考えを深めようとします。また、聞いた内容を他者に伝えるようなインタビューの場合、それらの内容を忘れないようにメモを取ることは自然と行うでしょう。

これもまた、「主体的に聞いていること」になります。もちろん、メモを取らなくても、内容が頭の中に入ってしまう人もいますので、一概にメモを取っていないからといって、主体的に聞いていないとは判断できません。

「主体的に学習に取り組む態度」の指導項目（例）（聞くこと）	
3年生	**（言語コミュニケーション）** 　□　話の内容を確認するために尋ねようとしている。 　□　相手の話を要約しながら聞いている。 　□　聞いた話を自分の言葉で伝えようとしている。 　□　相手が何を言いたいのかを理解しようと聞いている。 　□　相手の話を聞き、自分の考えを持とうとしている。 **（非言語コミュニケーション）** 　□　親身になって話を聞いている。 　□　話を最後まで、粘り強く聞こうとしている。

⇧

2年生	**（言語コミュニケーション）** 　□　メモを取って聞いている。 　□　分からないことや、もっと知りたいことを質問している。 **（非言語コミュニケーション）** 　□　相手の話に同調しながら、肯定的に聞いている。 　□　感情を表情に出して聞いている。

⇧

1年生	**（言語コミュニケーション）** 　□　質問して、詳しく知ろうとする。 　□　適度に相づちを打ちながら、聞いている。 　□　相手の発言を繰り返しながら、聞いている。 **（非言語コミュニケーション）** 　□　相手を見て話を聞いている。 　□　頷きながら聞いている。 　□　相手の話を最後まで聞いている。 　□　話し手に体を向けている。

2 ≫ 「話すこと（やり取り）」における 「主体的に学習に取り組む態度」

「話すこと（やり取り）」の目標と「まとまりごとの評価規準」

目標と評価規準は、以下になります（強調は筆者）。

指導目標

知識及び技能	思考力、判断力、表現力等	学びに向かう力、人間性等
ア 関心のある事柄について，簡単な語句や文を用いて**即興で伝え合うことができる**ようにする。 イ 日常的な話題について，**事実や自分の考え，気持ちなどを整理し**，簡単な語句や文を用いて**伝えたり**，相手からの**質問に答えたりする**ことができるようにする。 ウ 社会的な話題に関して聞いたり読んだりしたことについて，**考えたことや感じたこと，その理由などを**，簡単な語句や文を用いて**述べ合うことができる**ようにする。		

評価規準

知識及び技能	思考力、判断力、表現力等	主体的に学習に取り組む態度
［知識］ 英語の特徴やきまりに関する事項を理解している。 ［技能］ 実際のコミュニケーションにおいて，日常的な話題や社会的な話題について，事実や自分の考え，気持ちなどを，簡単な語句や文を用いて伝え合う技能を身に付けている。	コミュニケーションを行う目的や場面，状況などに応じて，日常的な話題や社会的な話題について，事実や自分の考え，気持ちなどを，簡単な語句や文を用いて，伝え合っている。	外国語の背景にある文化に対する理解を深め，**聞き手，話し手に配慮しながら，主体的に英語を用いて伝え合おうとしている。**

「聞き手に配慮する」とは？

　話すことのやり取りでは、話し手は、同時に聞き手にもなります。「話し手への配慮」は、前節で扱いましたので、「聞き手への配慮」を考えます。

1　「声量」を確保する

　相手に聞こえるような声で話すということです。もちろん、伝えようという気持ちがあれば自然と声は大きくなり、自分の考えや気持ちを伝えようとするでしょう。

2　「目線（アイコンタクト）」を配る

　相手を見て話すということです。相手を見ずに話すのは、聞き手を意識していないことになります。誰に向けて話しているのかを、聞き手に気付いてもらうためにも、目線はしっかり送りたいです。

3　「身振り・手振り（ジェスチャー）・表情」を伴って話す

　メラビアンの法則に、「7 − 38 − 55」があります。気持ちを伝える際、言葉（言語情報）で伝わる割合は 7 ％、声の調子や大きさなど（聴覚情報）で伝わる割合は、38％見た目や表情など（視覚情報）で伝わる割合は 55 ％と言われます。自分が意図した内容を言葉で伝えるだけでなく、身振り・手振りで、視覚的にイメージが持てるようにします。

　また、言葉に表情を重ねます。表情を豊かにすることで、聞き手は、話し手の意図を理解しやすくなります。

4　相手に分かる英語で話す

　難しい言葉ではなく、相手が知っている英語で話すということも、聞き手への配慮となります。もし、どうしても語彙が難しくなってしまったときには、それに説明を加えたり、視覚情報を与えたりする等の配慮が必要です。

5　相手にも、話すチャンスを与える

　自分だけが一方的に話すのではなく、How about you?（あなたは？）や、What do you think?（どう思いますか？）等、相手に話す機会を与え、考えや気持ちを引き出すようにします。

「主体的に伝え合おうとする」ってどんな姿？

　「伝え合う」とは、1人が一方的に話すのではなく、双方で会話が成立するようにしなくてはいけません。

1　自分の考えをはっきりと伝える

　とかく日本人は、自分の考えを相手に伝えず、あいまいにしたまま、相手に自分の考えを気付いてもらおうとする文化があります。同じ文化内では、状況から相手の気持ちを察することができるかと思いますが、異文化が融合している英語圏では、はっきりと自分の考えを伝えなくてはいけません。

2　相手の発言の意図を理解し、反応を返す

　「伝え合う」ためには、相手の話を正確に理解しなくてはいけません。そこで、理解を確認するために、相手の発言を繰り返したり、あいづちを打ったりしながら、理解を示した上で、自分の考えや気持ち、感想などを伝えたり、質問をしたりします。

3　話題を深める・広げる

　分からないことを尋ねたり、相手の考えや気持ちを尋ねたりしながら、話題を深めていきます。また、1つの話題から、関連のある話題へと話を展開し、対話を続けていこうとすることです。話が大きく変わるときには、By the way,…（ところで）で始めたりすることも必要です。

4　詳しく話す

　相手によく理解してもらえるように、質問されたら、Yes ／ No や簡単な文で答えるだけでなく、理由や状況、具体的な例などを付け足し、理解してもらうようにします。また、質問する際も、いきなり質問するのではなく、それに関することを前置きしておいてから質問することもします。

5　うまく言えないとき、他の表現を用いて伝えようとする

　伝えたいという気持ちがあれば、なんとしてでも、自分の考えや気持ちを伝えようとするはずです。もしかしたら、それが言語でなく、ジェスチャーかもしれません。絵を描いて説明するかもしれません。うまく表現できないときも、あきらめることなく取り組む姿は、育てていきたいです。

「主体的に学習に取り組む態度」の指導項目（例）（話すこと：やり取り）

3年生	（言語コミュニケーション） 　　□　相手に分かる英語を用いようとする。 　　□　うまく表現できない時に、他の言い方を用いようとする。 　　□　理解を確認しながら、話そうとする。 　　□　自分の考えや気持ちをはっきりと伝えようとする。

⇧

2年生	（言語コミュニケーション） 　　□　理由や状況、具体的な例などを付け足して話そうとする。 　　□　話題を深めたり広げたりしながら対話を続けようとする。 　　□　分からないことや知りたいことを質問しようとする。 　　□　質問する前に、自分のことや関連することを前置きしようとする。 　　□　答えたら、１文付け足し、詳しく話そうとする。

⇧

1年生	（言語コミュニケーション） 　　□　相手にも話すチャンスを与えようとする。 　　□　得た情報を、他者に伝えようとする。 　　□　感想を言おうとする。 　　□　つなぎ言葉を用いて、沈黙を埋めようとする。 　　□　質問されたら同じ質問を、相手にもしようとする。 （非言語コミュニケーション） 　　□　相手に聞こえる声で話す。（声量） 　　□　相手の方を向き、相手を見て話す。（目線：アイコンタクト） 　　□　身振り手振りを使用する。（ジェスチャー） 　　□　表情豊かに話す。（表情） （態度） 　　□　間違いを恐れず話す。 　　□　たくさんの英語を話そうとする。

3 ≫ 「話すこと（発表）」における 「主体的に学習に取り組む態度」

「話すこと（発表）」の目標と「まとまりごとの評価規準」

　目標と評価規準は、以下になります（強調は筆者）。

指導目標

知識及び技能	思考力、判断力、表現力等	学びに向かう力、人間性等
ア 関心のある事柄について，簡単な語句や文を用いて**即興で話すことができる**ようにする。 イ 日常的な話題について，事実や自分の考え，気持ちなどを整理し，簡単な語句や文を用いて**まとまりのある内容を話すことができる**ようにする。 ウ 社会的な話題に関して聞いたり読んだりしたことについて，**考えたことや感じたこと，その理由など**を，簡単な語句や文を用いて**話すことができる**ようにする。		

評価規準

知識及び技能	思考力、判断力、表現力等	主体的に学習に取り組む態度
［知識］　英語の特徴やきまりに関する事項を理解している。 ［技能］　実際のコミュニケーションにおいて，日常的な話題や社会的な話題などについて，事実や自分の考え，気持ちなどを，簡単な語句や文を用いて話す技能を身に付けている。	コミュニケーションを行う目的や場面，状況などに応じて，日常的な話題や社会的な話題について，事実や自分の考え，気持ちなどを，簡単な語句や文を用いて，話している。	外国語の背景にある文化に対する理解を深め，**聞き手に配慮しながら，主体的に英語を用いて話そうとしている。**

「聞き手に配慮」とは？

　話すこと（発表）における「聞き手への配慮」は、以下となります。

1　「声量」を確保する

　発表では、グループやクラスの前で話すことを想定しますので、とにかく、みんなに聞こえる声で話すことが大事です。

2　「目線（アイコンタクト）」を配る

　クラスの全員を見ようとすることです。意図的に見ようとしないと、私たち教師でも、全員に目を配ることは難しいことかと思います。教室の四隅の生徒を見るつもりで行うようにします。

3　「身振り・手振り（ジェスチャー）」や「表情」を伴う

　「身振り・手振り」や「表情」を豊かに用い、自分の伝えたいことが効果的に伝わるよう、視覚で訴えます。

4　実物や写真等の視覚物をしっかり見せる

　Show & Tell や、何か物を見せるときに、教室にいる生徒全てに見えるように提示することが必要です。まだ自分の姿がメタ認知的に見えていないためか、意外と生徒はできないものです。

5　資料の必要な個所を指し示す

　プレゼン等、スライド資料を用いての発表では、言葉だけで伝えようとしがちです。しかし、メラビアンの法則のように、視覚情報は、言葉の意図を相手に伝わりやすくします。そこで、Look at the right picture.（右の写真を見てください）と、言葉だけで言うのではなく、実際にその写真を指し示すようになると、発表にも立体感が生まれます。

6　理解できているかどうか確認する

　「目線」が配れていたら、集団の聞いている様子が見えるかと思います。集団の一部でも、分からない表情をしていたり、理解しているかどうか分からなかったりした時には、Do you understand what I mean?（私の言うことが分かりますか）や Have you ever seen this?（これを見たことありますか？）のように尋ね、理解度を確認するのも、聞き手への配慮になります。

「主体的に話す（発表）」ってどんな姿？

　「主体的に話す」とは、伝える目的をもち、どのように伝えたら自分の思いが伝わりやすくなるか、どのような語句や表現を用いたらよいか考えながら行う相手意識を持った態度や姿勢と言えます。

1　伝えたい目的がある

　発表は、話し手が聞き手に伝えたいと思う〈気持ち〉と、伝えたい〈内容〉があって成立するものです。その伝えたい〈内容〉と〈気持ち〉が合わさり、そこに、伝える目的が生まれます。与えられたテーマであっても、そのテーマにあった内容で、そのテーマについては、自分が何を伝えたいのかを明確に持とうとすることが、主体的に発表するという態度へとつながります。

2　適切な語句や表現を選択しようとする（選択力）

　中学1〜2年生では、多少難しいところがありますが、3年生くらいでは、相手意識を持たせ、どのような語句や表現なら、クラスのみんなが分かってくれるかを考えながら、発表するということは、大切です。

　そして、もし、難しい語句や表現の場合、用いられた語彙や語句の意味を、他の言い方で説明したり、ときには、日本語で意味を伝えたりするなどの配慮は必要かと考えます。

3　内容を整理して、伝えようとする（構成力）

　思いついたことをただ述べるのではなく、「はじめ」「中」「終わり」と構成を意識し、話そうとする姿勢は、聞き手が理解しやすくなるための配慮となります。特に、「中」の部分では、自分の伝えたいことが相手により理解してもらえるよう、具体例をあげたり、説明を加える文を入れたりしながら、要点を理解してもらえるようにします。

4　集団の反応に応じて、対応を考える

　とかく発表の際、原稿を暗記して話しがちになりますが、即興的に聞き手の反応や理解を確認した上で、説明を加えたり、具体例を示したりしながら、より話が伝わるよう、伝え方を変えられたら、それは、主体的に発表していることになるでしょう。

「主体的に学習に取り組む態度」の指導項目（例）（話すこと：発表）

3年生	（言語コミュニケーション） □　聞き手の反応を見ながら、話の内容を変えたり、付け足したりしている。 □　理解を確認しながら、話そうとする。 □　うまく表現できない時に、他の言い方を用いようとする。 □　スピーチを聞いて、話し手に質問しようとする。 □　相手に分かる英語を用いようとする。

⬆

2年生	（言語コミュニケーション） □　聞き手の理解を確かめながら、発表しようとしている。 □　即興的な発表に対しても、話の構成を意識している。 □　内容を整理して、伝えようとする。 □　聞き手の反応を見ようとしている。 □　理由や状況、具体的な例などを付け足して話そうとする。

⬆

Ⅰ年生	（言語コミュニケーション） □　質問を投げかける等、聞き手の反応を確認しようとしている。 □　具体例をあげながら、詳しく説明しようとしている。 （非言語コミュニケーション） □　相手に聞こえる声で話す。（声量） □　相手の方を向き、相手を見て話す。（目線：アイコンタクト） □　身振り手振りを使用する。（ジェスチャー） □　表情豊かに話す。（表情） □　実物や写真をみんなが見えるように配慮している。 □　必要に応じて、スライドを指しながら説明している。 （態度） □　間違いを恐れず、堂々と話す。

4 》 「読むこと」における 「主体的に学習に取り組む態度」

「読むこと」の目標と「まとまりごとの評価規準」

目標と評価規準は、以下になります（強調は筆者）。

指導目標

知識及び技能	思考力、判断力、表現力等	学びに向かう力、人間性等
ア 日常的な話題について，簡単な語句や文で書かれたものから**必要な情報**を読み取ることができるようにする。 イ 日常的な話題について，簡単な語句や文で書かれた**短い文章の概要**を捉えることができるようにする。 ウ 社会的な話題について，簡単な語句や文で書かれた**短い文章の要点**を捉えることができるようにする。		

評価規準

知識及び技能	思考力、判断力、表現力等	主体的に学習に取り組む態度
［知識］　英語の特徴やきまりに関する事項を理解している。 ［技能］　実際のコミュニケーションにおいて，日常的な話題や社会的な話題について書かれた短い文章等を読んで，その内容を捉える技能を身に付けている。	コミュニケーションを行う目的や場面，状況などに応じて，日常的な話題や社会的な話題について書かれた短い文章を読んで，必要な情報や概要，要点を捉えている。	外国語の背景にある文化に対する理解を深め，**書き手に配慮しながら，主体的に英語で書かれたことを読もうとしている。**

「書き手に配慮」とは？

「書き手に配慮して読む」とは、どういうことでしょうか。

読むことにも様々な形態があります。小説や物語、随筆、説明文などの作品を読む場合や、知り合いからの手紙やメールを読む場合、教室内で友達が書いた英文を読む場合等々、読み物によって、書き手に配慮した読み方は、様々かと思います。

では、「書き手に配慮して読む」とは、どのようなことが考えられるでしょうか。

1　書き手の意図や背景を掴む

書き手には、その作品等を通じて、伝えたいことがあります。その伝えたいことを、正確にくみ取ることが、書き手への配慮になるのではないかと思います。

実際に、教室内で友達が書いた英文を読み合うときに、書き手が何を伝えたいのか、その意図を理解しようと読むようにさせます。

いわゆる「行間」です。

筆者の伝えたいことを、言葉そのものから読む取ることも大事ですが、その言葉の裏にある考えや気持ちを察するよう、行間を読み、書き手の意向を理解することも、書き手への配慮につながることとなります。

2　感想やコメントを返す

授業中、生徒同士の英文を読み合うとします。

その際、読んだ友達の作文に対して、感想やコメントを返すことをします。読んでそのままではなく、読んで返事を書く（フィードバックする）ことは、書き手に対する礼儀でもあります。

その場合、できるだけ「肯定的に受け取る」ことからスタートさせたいです。

批判的に読むことも大事ですが、友達が一生懸命に書いた作品です。

まずは、肯定的に受け取り、理解しようとする姿勢は、書き手に向けた真摯な態度であるかと思います。

「主体的に読む」ってどんな姿？

　「主体的に読む」とは、どのような姿なのでしょうか。行動評価できない部分がありますが、考えられることを列挙します。

1　読む目的があり、読んでいる

　読書の目的は2つあります。1つは、「楽しいから読む」ということです。小説や物語、随筆や論説文等、読み手が楽しむために読むことが1つです。もう1つは、「学ぶために読む」ということです。新しい何かを知りたいと思って読んだり、自己を成長させるために読んだり、調べ物があって、それを調べるために読むなど、読むことにも目的があります。

　「主体的に読む」とは無目的に読んでいるのではなく、何か目的があって読んでいる状態と捉えます。

2　下線を引いたりしながら読む

　筆者の意図を汲んだり、理解を正確にしたりするために、下線やマーカー等の印をつけながら読む場合があります。そして、その後、印をつけた箇所を頼りに、自分の考えを整理したり、発展させたりします。これなども、「主体的に読んでいる」ということになるでしょう。

3　疑問点を質問したり、調べたりする

　読みながら、分からない箇所があったり、疑問点がある場合は、それを元に、調べたり、また、書き手が近くにいる場合は、直接質問したりします。つまり、読んでそのままというのではなく、目的を持った読みであれば、不明な点は、尋ねたり、調べたりするでしょう。このような姿勢にも、「主体的に読む」に、現れるかと思います。

4　話の「情報」「概要」「要点」を掴もうとする

　説明文では、Topic Sentence や、それを支える Supporting Sentences を読み、筆者の言いたいことである要点（Main Point）を読み解きます。また、物語文では、主人公の心情の変化を読み取り、主題（Subject）を掴みます。手紙やメールでは、相手の望んでいることや、言いたいことを的確に把握します。そのように読もうとする姿勢が、「主体的に読んでいる」と言えます。

「主体的に学習に取り組む態度」の指導項目（例）（読むこと）

3年生	**（言語コミュニケーション）** □　分からない語彙があっても前後から推測して読もうとする。 □　Topic Sentence や Supporting Sentences を意識し、概要や要点を把握しようとしている。 □　まとまりのある英文で、話の内容を伝えようとする。 □　話の「概要」を掴もうとする。 **（音読）** □　話者の気持ちを理解し、感情を込めて音読している。

⇧

2年生	**（言語コミュニケーション）** □　読んだテーマや内容について、深く調べようとする。 □　読んだ内容について、感想や、賛成、反対意見を持って読もうとする。 □　話の「要点」を他者に伝えようとする。 □　話の「要点」を掴もうとする。 **（音読）** □　内容が伝わるよう、発音、アクセント、イントネーション、間などに留意し、音読している。

⇧

1年生	**（言語コミュニケーション）** □　読んだ内容について、感想やコメントを述べようとする。 □　話の「情報」を掴むように読もうとする。 □　質問の答えの根拠に、下線を引いて読もうとする。 □　与えられた質問に答えようと、目的を持って読もうとする。 **（音読）** □　発音やアクセントに留意し、正しく音読しようとしている。 □　イントネーションに留意し、正しく音読しようとしている。

5 ≫ 「書くこと」における 「主体的に学習に取り組む態度」

「書くこと」の目標と「まとまりごとの評価規準」

目標と評価規準は、以下になります（強調は筆者）。

指導目標

知識及び技能	思考力、判断力、表現力等	学びに向かう力、人間性等
ア 関心のある事柄について，簡単な語句や文を用いて**正確に書く**ことができるようにする。 イ 日常的な話題について，事実や自分の考え，気持ちなどを整理し，簡単な語句や文を用いて**まとまりのある文章を書く**ことができるようにする。 ウ 社会的な話題に関して聞いたり読んだりしたことについて，**考えたことや感じたこと，その理由などを，簡単な語句や文を用いて書く**ことができるようにする。		

評価規準

知識及び技能	思考力、判断力、表現力等	主体的に学習に取り組む態度
［知識］ 英語の特徴やきまりに関する事項を理解している。 ［技能］ 実際のコミュニケーションにおいて，日常的な話題や社会的な話題などについて，事実や自分の考え，気持ちなどを，簡単な語句や文を用いて，またはそれらを正確に用いて書く技能を身に付けている。	コミュニケーションを行う目的や場面，状況などに応じて，日常的な話題や社会的な話題などについて，事実や自分の考え，気持ちなどを，簡単な語句や文を用いて，書いている。	外国語の背景にある文化に対する理解を深め，**聞き手，読み手，話し手，書き手に配慮しながら，主体的に英語を用いて書こうとしている。**

「読み手に配慮して書く」とは？

　「読み手に配慮して書く」とは、どういうことでしょうか。どういう態度となって現れるのでしょうか。

1　丁寧な字で書く

　読み手を意識した場合、相手にとって読みやすい字でなくてはいけません。丁寧に書くということは、相手を意識した書き方になるでしょう。

2　相手意識を持って書く

　先に相手から手紙やメールをもらったとします。そのもらった内容に正対した返事を書かなくてはいけません。以前、大学生がオーストラリアの小学生と手紙のやり取りをしました。第1便は、相手が誰だか分からず送りました。その後、第2便で小学生から大学生に手紙が戻ってきました。その後、第3便で、大学生が小学生に手紙を送りました。そこでは、You can write Japanese well. If you are interested in writing Japanese, I recommend "kakizome" to you. と、小学生が書いた手紙の内容に絡め、書いていました。一方的に書くのではなく、相手を意識して書けることは、読み手に配慮した書き方だと言えるでしょう。

3　相手の立場に立って書く

　文化が違えば、理解も異なります。自分では当然のことと思っても、相手にとっては知らないことかも知れません。例えば、I'm from Chichibu. では、「秩父ってどこ？」となりますが、I'm from Chichibu. It is in the west of Saitama Prefecture. It takes about 2 hours from Tokyo. などと、説明を加えると幾分、イメージがつきやすくなるかと思います。

4　結論を意識して書く

　とかく私を含め、日本人は、ストレートに書きません。回りくどく書いてしまいがちです。そこを、英語で表現する場合は、「はじめ」「中」「終わり」を意識し、自分の考えが明確に読み手に伝わるよう、結論やその理由や根拠を書き、最後にまた、結論を述べるように、読み手に自分の思いが伝わりやすくなるようにします。

「主体的に書く」ってどんな姿?

　「主体的に書く」とは、どのような姿なのでしょうか。

1　間違いを恐れず書く

　どうしても書くということはハードルが高く、書き始めるのに時間がかかったり、どのように書いていいのか分からず、戸惑ったりすることがあるかと思います。その結果、書くことに消極的になってしまうこともあるでしょう。まずは、間違いを恐れず書くことは、主体的に書こうとする始まりといっても良いでしょう。

2　内容を整理して書く

　まとまりのある文章を書く際には、どのようなことを伝え、どのような内容を書くのかを整理しておく必要があります。つまり、書き始める前におおよそ書こうとする内容を列挙しておくのです。そして、どの順番で書いた方が読み手にとって分かりやすいか考えます。構想を立てようとしている姿は「主体的に書こう」とする姿の現れとなるのではないでしょうか。

3　書いた内容を読み、校正する

　書くことの目的は、相手に分かってもらうことです。そのためには、書いたものを、自分の真意が伝わるかどうか、自分で読み返します。そして、必要があれば、加筆したり、修正したりし、作品や作文を完成させます。

　特に英語では、同じ語彙や表現を繰り返し使うことを避ける傾向があったり、名詞は代名詞に変えたりしますので、読み返すことは、よりよく文章を完成させようとすることにつながります。

4　読み手を意識する

　一方的に自分の考えを述べるのではなく、読み手に問いかけようする問いを用いることも、書くことに主体的に取り組んでいると言えます。

　例えば、Have you ever thought about a life without electricity?（電気のない生活って、考えたことありますか）と、読み手に質問を投げかけておいて、話題の中心に注意を向けさせるようにすることです。

「主体的に学習に取り組む態度」の指導項目（例）（書くこと）	
3年生	**（言語コミュニケーション）** 　□　読み手を意識し、理解してもらえるように、具体例をあげたり、詳しく説明したりしようとしている。 　□　話の内容を整理して書こうとしている。 　□　様々なテーマについて、あきらめず自分の考えを述べようとしている。

⬆

2年生	**（言語コミュニケーション）** 　□　読み手の立場にたって、分かりやすい英語で書こうとしている。 　□　問いを投げかける等、読み手に働きかけながら書こうとしている。 　□　情報を加え、詳しく書こうとしている。 　□　自分の言いたいこと（要点）を明確にして書こうとしている。 　□　読んだ内容について、他者に伝えようとしている。

⬆

1年生	**（言語コミュニケーション）** 　□　読んだものについて、分からないことや知りたいことを質問して書こうとしている。 　□　読んだものについて、自分の考えや気持ち、感想を書いて伝えようとしている。 　□　読み返すなど、正しく書けているかどうか確認している。 　□　学習した語彙や表現、文法を用いて書こうとしている。 　□　丁寧な字で書いている。 **（態度）** 　□　間違いを恐れず書いている。 　□　たくさんの英語を書こうとする。

第3章のまとめ

第3章では、「主体的にコミュニケーションを図ろうとする状況」について、その考えられる状況をあげてみました。もちろん、これ以外にも多くの状況があるかと思います。また、逆に、不要なものもあるかと思います。あくまでも、一例となりますので、ここから、先生方の発想で、増やしたり、減らしたりしていってもらえればと思います。

なお、「主体的にコミュニケーションを図ろうとする状況」が、行動観察で見取れる場合もあれば、意思的な気持ちを察することから、直接判断するのには、困難な面が見られます。よって、指導を行い、形成的評価までは行うが、評定につなげる評価は難しいことがあってもよいと思っています。特に、「主体的に学習に取り組む態度」を一生懸命に評価しようと思えば、肝心な指導面が疎かになってしまい兼ねません。大事なのは、「主体的に学習に取り組む態度」での指導目標を持ち、指導を行い、生徒を育てていくことです。そのためのビジョンは第3章で示したと思っています。

次の表は、評価場面を記したものです。◎は評定可能、○は場合によっては評定への参考になる、△は形成的評価で行うという基準です。

評価場面	知識・技能	思考・判断・表現	主体的に学習に取り組む態度
ペーパーテスト	◎	◎	—
パフォーマンステスト	◎	◎	◎
パフォーマンス課題	△	△	△
行動観察	○	○	○
ワークシートの記述	△	△	—
振り返りカード	—	—	△

評価は、ペーパーテストで測れるものは測り、ペーパーテストで測れないものは、パフォーマンスで測るしかないでしょう。

「主体的にコミュニケーションを図ろうとする状況」の指導と評価

名前をゆっくり、はっきり、アクセントをつけて言う

時間 10分　時期 4月

名前をゆっくり、はっきり、アクセントをつけて言う

　外国人と話をする際、相手の名前を聞き取ることに、困難を感じたことはありませんか。日本人に馴染みのあるシンプルな名前であれば、困難なく繰り返すこともできますが、初めて聞く名前は、難しく感じるときがあります。なぜなら、外国語は、日本語とは音韻構造が異なるからです。

　これは、外国人にとっても同様かと思います。私たちは日本語を聞き慣れているため、日本人の名前は容易に聞き取ることはできますが、外国人が日本人の名前を聞き取るのは、困難が予想されます。

　そこで、相手意識を持ち、自分の名前をゆっくり、はっきりと伝えることが大事です。

　　☑　ゆっくり、はっきり　　　☞ Hi-ro-to Ta-ki-za-wa
　　☑　名前にアクセントをつけて　☞ Hiroto Takizawa

生徒に気付かせ、指導する

　教師が自分の名前を、ゆっくり、はっきり、アクセントをつけて言い、生徒に名前の言い方について気付かせます。

T:　My name is Hiroto Takizawa.（ゆっくりはっきりと言う）
　　What's your name?

S1: My name is Shintaro Kosuge. （名前を棒読みする）

T:　Sorry?

S1: My name is Shintaro Kosuge. （名前を棒読みする）

T:　Oh, Shintaro Kosuge. （ゆっくりはっきりと言う） Nice to meet you.

　数人と会話した後、ポイントを提示します。

T:　何か気付いた人いる？

S2: 名前を言う時に、ゆっくり言っていた。

T:　名前を言う時、ゆっくり言っていた。（板書：ゆっくり）他には？

S3: なんか、タキザーワのように、まん中を強く言う。

T:　アクセントね。（板書：アクセント）何で？

S3: 早く言うと、名前をよく聞き取れないから。

T:　そうですね。特に外国人は日本人の名前を聞き取ることが難しいので、「ゆっくり」「はっきりと」「アクセントをつけて」言うようにするといいんですね。では、友達と名前を尋ね合ってみましょう。

指導目標と評価

目標		自分の名前をゆっくりはっきりと伝えようとする。
評価規準		自分の名前をゆっくりはっきりと伝えようとしている。
評価基準	a	自分の名前を**十分に**、ゆっくりはっきりと伝えようとしている。
	b	自分の名前をゆっくりはっきりと伝えようとしている。
	c	自分の名前をゆっくりはっきり伝えようとしていない。
評価場面		パフォーマンステスト（ ✓ ）観察（ ✓ ） 自己評価（ ✓ ） ワークシートの記述（　　　）

2 » 「目」を見て、聞く。体を相手に向ける

時間 10分　時期 4月

非言語コミュニケーション① 「アイコンタクト」

　4月の授業で、非言語コミュニケーションを確認していきます。

　1つは、アイコンタクト（目線）です。日本では、相手の目をじっと見つめることは、威圧的に思われ、挑戦的な態度と思われがちです。

　しかし、英語圏では、目を合わせることは、コミュニケーションを図る際の基本となります。アイコンタクトをとらないことは、逆に自信の無さや、おどおどした様子となって現れます。

　また、目を合わせないことは、相手に「自分のことが嫌いなのか」と思わせたり、「自分の話に興味がないのか」と感じさせたり、また、「自分のことを怖がっているのか」というような思いを抱かせます。

　なお、目線だけを配ればよいのではなく、体を相手に向けて話を聞くようにさせます。

　　☑　相手の目を見て話す
　　　　☞相手の話を真剣に聞いている
　　　　☞相手の話に興味がある
　　　　☞親近感を持つ
　　☑　体ごと相手に向けて話す

指導のポイント

　教師が英語で話します。その際、生徒の様子を観察しておきます。観察の視点は、「話し手を見ているか」です。

T: Now, I talked about my favorite food. Some students were looking at me,and some students were not looking at me. When you speak English, it's good to see the speaker.
　　Did you see me when I was talking?
Ss: Yes.
T: 今、先生が英語で話していたときに、しっかり先生の方を向いて、話を聞いていた人や、先生の方を見ないでいた人、いろんな姿が見られました。皆さんは、これから英語を学んでいくわけですが、英語圏の人は、「相手の目を見る文化」があります。話し手の方をしっかり向いて、目を見ながら対話することを習慣づけましょう。

指導目標と評価

目標		体を相手に向け、相手の目を見ながら聞いたり、話したりする。
評価規準		体を相手に向け、目を見ながら聞いたり、話したりしている。
評価基準	a	体を相手に向け、**しっかり**目を見ながら聞いたり、話したりしている。
	b	体を相手に向け、目を見ながら聞いたり、話したりしている。
	c	相手の方に体を向けなかったり、目を見なかったりしている。
評価場面		パフォーマンステスト（　✓　）　観察（　✓　） 自己評価（　✓　）　ワークシートの記述（　　　）

3 » 大きめの「声」で はっきりと話す

時間 10分　時期 4月

非言語コミュニケーション②　「声量」

　相手に自分の考えや気持ちを伝えるときに、「声量」は、とても大切です。大きな声が出せれば、小さな声も出せますが、小さな声しか出せなかったら、大きな声は出せません。「大は小を兼ねる」です。

　また、英語が通じない原因の1つとして、「相手に声が届かない」ということがあげられます。これは、皆さんも経験があると思います。

　　×　声が通らない　→　聞き取れない　→　通じない

　声の小さい生徒の英語は聞こえづらく、英語の力以前に何を言っているのか聞き取れません。多少、大きいくらいがちょうどよいと言えます。

　☑　大きめの声を出す
　　　☞少し大きいくらいがちょうどよい
　☑　はっきりと発音する
　　　☞だんだん慣れたらスムースに
　☑　口を動かす
　　　☞英語は、日本語よりも、口を縦や横に大きく広げる

指導のポイント

中学1年生の最初の時期に、聞き手への配慮として、「大きな声で、はっきり話す」「英語の授業では、少し大きな声で話すくらいがちょうどよい」ということを指導します。

指導した後は、実際にできるかどうかやらせてみます。そして、自己評価させます。指導したことを継続して意識させ、主体的にコミュニケーションを図るための態度として、定着させていきます。

T: When we speak English, we should talk in a big and clear voice.
　　If we talk in a small and unclear voice, nobody can understand us.
　　英語を話すときは、少し大きいくらいの声で話す方がいいです。
　　So today's goal is to talk in a big and clear voice.
　（板書：| Big voice. Clear voice. |）

指導目標と評価

目標		相手に伝わるように、はっきりと、大きめの声で話す。
評価規準		相手に伝わるように、はっきりと、大きめの声で話している。
評価基準	a	相手に伝わるように、**十分な声量で**、はっきりと、大きめの声で話そうとしている。
	b	相手に伝わるように、はっきりと、大きめの声で話そうとしている。
	c	ぼそぼそ話し、相手によく聞こえない。
評価場面		パフォーマンステスト（　✓　）　観察（　✓　） 自己評価（　✓　）　ワークシートの記述（　　　）

4 » 「ジェスチャー」を使用し、伝えやすくしようとする

時間 10分　**時期** 4月

非言語コミュニケーション③　「ジェスチャー」

　プリントを配るとき、How many do you need?（何枚必要？）と列の最初の人に尋ねると、Six.（6枚です）と言いながら、時々、指で6を示してくれる生徒がいます。

　本来は言葉だけで十分なのですが、このように指でも示してくれる生徒は、相手の立場にたって考えられる生徒であると思います。聞き手からすると、言葉にジェスチャーをのせるとより伝わりやすくなります。ただ、国によってジェスチャーの意味が異なる場合がありますので、配慮が必要です。

- ☑ 数字を指で表す
- ☑ 大きさを手で示す
- ☑ 「いいね」というとき、親指を見せて、Good. と言う
- ☑ No. のとき、首を横に振る

指導のポイント

　次のような会話を生徒と行いながら、教師が、意図的にジェスチャーを使ってみます。

T:　What pets do you have?　　S1:　I have a dog.
T:　One dog?（指を1本出す）　　S1:　Yes.

T: Is your dog big or small? （大きい、小さいを、手で示す）

T: This size?（両手で大きさを示す）　　S1: Yes.

　数名の生徒と会話しながら、教師がジェスチャーを使って見せます。その後、次のように尋ねます。

T: 今、先生が英語を話すとき、どんな工夫をしていたか分かる？

S2: ジェスチャー使っていた。

T: You have two dogs. と言葉だけで言うのと、You have two（指を2本出して見せる）dogs. と言うのと、どっちが伝わりやすくなると思う？

Ss: 指で示した方。

T: 大きさを示すとき、「だいたい30cm」と言うのと、「このくらい」って、言って、両手で示すのとでは、どっちが分かりやすくなるかな？

Ss: 両手で示した方。

T: そうですね。英語を話すときには、特に、言葉だけでなく、ジェスチャーを使って伝えると伝えやすくなりますね。

指導目標と評価

目標		ジェスチャーを使用し、伝えやすくしようとする。
評価規準		ジェスチャーを使用し、伝えやすくしようとしている。
評価基準	a	**相手意識を持ち**、ジェスチャーを**適切**に使用し、伝えやすくしている。
	b	ジェスチャーを使用し、伝えやすくしようとしている。
	c	ジェスチャーを用いると効果的な場面で、用いていない。
評価場面		パフォーマンステスト（ ✓ ）　観察（ ✓ ） 自己評価（ ✓ ）　ワークシートの記述（　　　）

5 ≫ 「頷い」て、話を聞く。反応しながら聞く

時間 10分　**時期** 4月

非言語コミュニケーション④　「頷く」「反応する」

　「頷く」という態度は、話を聞いていることを、相手に伝えることになり、重要な非言語コミュニケーション能力となります。特に、スピーチやプレゼン等の〈発表〉の場面では、「うんうん」と頷きながら聞いたり、びっくりしたときには驚いた表情をしたり、おもしろかったら笑ったり、分からなかったら分からない表情をするなど、反応しながら聞きたいものです。

　これは、英語学力とは関係ないことですが、非言語コミュニケーション能力として、教えておきたい指導事項になります。

- ☑　同意や理解したとき　　　　→頷く
- ☑　びっくりしたとき　　　　　→驚いた表情をする
- ☑　おもしろいとき、楽しいとき　→笑う
- ☑　分からないとき　　　　　　→分からない表情をする

生徒の聞いている姿を、観察する

　教師の Teacher's Talk の間、生徒の聞いている様子を観察しておきます。

T:　Hello. Do you play any sports?　I was a soccer player at junior high school and at high school.（写真を見せる）Do you like soccer?

Ss:　（頷く／首を横に振る）

T: I watch soccer on TV. My favorite soccer player is Messi.

Ss:（頷く）

T: Many students were looking at me. That was very good. Also, some students nodded their heads while I was speaking. When I see you nodding your head or shaking your head, I can see you understand my story or don't understand my story.

T: さて、黙〜って聞いていたり、無表情で聞いていたりすると、話している方は、どんな気持ちになるかな？

S1: 話す気持ちが減ってくる。

S2: 話に興味がないのかと思う。

S3: 話の内容が分かっているのかどうか不安になる。

T: そうですね。話を聞きながら、表情で返してあげることは、「話を聞いているよ」ということになりますね。

指導目標と評価

目標		話を聞いていることを話し手に伝えるために、頷いたり、驚いたり、笑ったり、分からないという表情をする。
評価規準		話を聞いていることを話し手に伝えるために、頷いたり、驚いたり、笑ったり、分からないという表情をしている。
評価基準	a	頷いたり、驚いたり、笑ったり、分からない表情をしたり、**豊かな表情で**、話を聞いている。
	b	頷いたり、驚いたり、笑ったり、分からない表情をしたり、反応しながら、話を聞いている。
	c	無表情で話を聞いている。
評価場面		パフォーマンステスト（ ✓ ）　観察（ ✓ ） 自己評価（ ✓ ）　ワークシートの記述（　　　）

6 ≫ 「あいづち」を用いて、理解を示そうとする

時間 10分　**時期** 5月上旬

言語コミュニケーション能力を育てる

　ここからは、言語コミュニケーションになります。良い聞き手の基本4項目には、「あいづちを打つ」「繰り返す」「質問する」「感想を言う」があります。人が対話をするとき、無表情で、ただ黙って聞いていると、話している人も、「聞いているの？」「このまま話続けていいの？」「私の話に興味ないの？」「話をするのをやめようか」と思ってしまいます。

　前回は、頷いて、話を聞いていることを相手に伝えるということを取り上げました。今回は、頷くことに言葉をのせて、あいづちを打たせましょう。

　そして、毎週、少しずつ、言えるあいづちを増やしていきます。

　☑　I see.（分かりました）　☑　Me too.（私も）　☑　Really?（本当？）
　☑　Uh-huh.（うんうん、へえ～）　☑　Pardon?（もう一回言って）

小学校英語の良さを継続する

　生徒は小学校で I see. や Really? ／ Me too. 等、簡単なあいづちは自然と学んできます。そこで、中学校でも、あいづち表現を意図的・計画的に増やしていき、生徒同士での Small Talk で、あいづちを用いた対話を行わせます。

　最初は、教師の Teacher's Talk で、教師自身のことを語ります。その中で、生徒にも質問を投げかけ、話題について、やり取りが可能と思った段階で、

生徒同士の Small Talk に入ります。

　1分間の Small Talk の後、次のように言います。

T:　前回は、頷いたり、驚いたり、笑ったり、分からない表情をしたり、反応
　　することで、話を聞いていることを伝えました。今日は、それらの表情に、
　　言葉をのせて行ってみましょう。あいづちです。（板書：あいづち ）

T:　みんなは、どんなあいづちを知っているかな？

S1: Me too.　S2: Really?　S3: Oh, my god.（笑い）　S4: Nice.

T:　いろいろ知っていますね。こんなの知っているかな？　　Uh-huh.

Ss: Uh-huh.

T:　そう。「うんうん」っていう意味。Uh-huh. と反応してあげると、聞い
　　ているなあ、ということが伝わりますね。驚いたときは、なんて言う？

S2: Wow.（笑い）

T:　そうです。Wow.（わあ）も、あいづちです。

指導目標と評価

目標		話を聞きながら、あいづちを用いて、話を聞いているということを示そうとする。
評価規準		話を聞きながら、あいづちを用いて、話を聞いているということを示そうとしている。
評価 基準	a	あいづちを**たくさん**用いて、話を聞いている。
	b	あいづちを用いて、話を聞いている。
	c	あいづちを一度も用いていない。
評価場面		パフォーマンステスト（　✓　）　観察（　✓　） 自己評価（　✓　）　ワークシートの記述（　　　）

7 » 様々な「あいづち」を使えるようにする

時間 10分　**時期** 5月中旬〜6月

必要なあいづちを教える

　あいづちにも、様々あります。それらを、例えば毎週5つ程度、指導していき、自由自在に使用できるようにしていきます。

　次のようなあいづちを指導したら、どうでしょうか。

☑ Of course. / Sure.（もちろん）	☑ Are you sure?（本当なの？）
☑ I got it.（分かりました）	☑ Got it?（分かった？）
☑ I don't know.（知らない）	☑ Why（なんで？）
☑ Unbelievable.（信じられない）	☑ Maybe.（たぶん）
☑ Right.（その通り）	☑ Trust me.（信用して）
☑ No way.（まさか／ありえない）	☑ Is that so?（そうなの？）
☑ No kidding.（冗談でしょ）	☑ Sorry?（何て言いましたか？）
☑ Are you all right?（大丈夫？）	☑ Wait.（待って）
☑ What do you mean?（どういう意味？）	☑ You too?（あなたも？）
☑ I didn't know that.（知らなかった）	☑ Me neither.（私も）

活動後、自己評価させる

　「主体的に学習に取り組む態度」は、それ単体で扱うことはあまりなく、「思考・判断・表現」等の言語活動を通して養います。

　1分間の生徒同士の Small Talk の後、中間評価で、次のように言って、

あいづちを少しずつ増やしていく指導をします。

T:　あいづちを使って、会話を継続しようとした人？
Ss:（手をあげる）
T:　よくできました。今週は、こんなあいづちを使ってみましょう。
T:　Do you like sushi? と尋ねられて、Yes, I do. でもいいのですが、「もちろん」と言ってもいいですよね。そんなときは、Of course. と言えます。
Ss: Of course.
T:　また、「分かった」というときは、I got it. と言います。
Ss:　I got it.
T:　逆に「分かった？」と尋ねるときは、Got it?↑と上げ調子で言います。
Ss: Got it?
T:　「信じられない」は、Unbelievable. です。では、2回目、Small Talk で、いろいろなあいづちを使ってやってみましょう。

指導目標と評価

目標		話を聞きながら、様々なあいづちを用いて、会話を継続しようとする。
評価規準		話を聞きながら、様々なあいづちを用いて、会話を継続しようとしている。
評価基準	a	様々なあいづちを**自然**に用いて、会話を継続しようとしている。
	b	様々なあいづちを用いて、会話を継続しようとしている。
	c	多くのあいづちを打っていない。
評価場面		パフォーマンステスト（　✓　）　観察（　✓　） 自己評価（　✓　）　ワークシートの記述（　　　）

8 » 相手の発言を「繰り返し」、話の内容を確認しようとする

時間 10 分　**時期** 6 月上旬

相手の発言を繰り返して、話の内容を確認する

　話を聞きながら、「へえ〜、大阪に行ったんだ？」と、相手の発言を繰り返して言うということは、日常、多く見られます。繰り返すことの意味は、話の内容を確かめることもありますが、同時に話し手に、「ちゃんと聞いていますよ」と伝えることにもなります。

　最初は、「単語」や「語句」、「文」で繰り返すことをやっていきますが、中学 3 年生くらいでは、話の全体から、相手の言いたいことを理解し、要点をフィードバックし、話の内容を確認できるようになるといいです。

　発言を繰り返す方法は、次の 3 つがあります。

☑　「単語」で繰り返す

　　A: I like watching movies.

　　B: Oh, movies?

☑　「語句」で繰り返す

　　A: I like watching movies.

　　B: Oh, watching movies?

☑　「文」で繰り返す

　　A: I like watching movies.

　　B: Oh, you like watching movies?

指導の実際

T: 今日は、「相手の発言を繰り返す」ということをやってみましょう。
（板書：繰り返す）例えば、What food do you like, S1?

S1: I like sushi.

T: Sushi?

T: このように、相手の言ったことを繰り返すだけです。
繰り返すことで、どんないいことがあるんだろう？

S2: 相手が話を聞いていることが分かる。

T: 聞いていることが相手に伝わるということですね。
（板書：聞いていることが相手に伝わる）

S3: 話の内容が確認できる。

T: なるほど、確認できる。（板書：話の内容が確認できる）
では、今日の Small Talk は、「相手が話したら、繰り返しながら聞く」
ということをやっていきましょう。

指導目標と評価

目標		相手の発言を繰り返し、話の内容を確認しようとする。
評価規準		相手の発言を繰り返し、話の内容を確認しようとしている。
評価基準	a	相手の発言を**語句や文で**繰り返し、話の内容を確認しようとしている。
	b	相手の発言を繰り返し、話の内容を確認しようとしている。
	c	相手の発言を繰り返したりしていない。
評価場面		パフォーマンステスト（ ✓ ）　観察（ ✓ ） 自己評価（ ✓ ）　ワークシートの記述（　　　）

相手に「質問」し、相手のことを詳しく知ろうとする

時間 10分　時期 7月下旬

質問したくなるのは、相手に興味がある証拠

　相手に興味を持って、話を聞いていると、もっと相手のことが知りたいと思い、質問したくなります。しかし、質問することは難しく、質問したいと思っても、どのように質問してよいのか分からず、会話を断念してしまうこともあります。そこで、ひとくち英語のように、Is it fun/easy/cheap/far?（楽しい／簡単／安い／遠い？）や、How was it?（どうだった？簡単？）等、フレーズで教えたり、次の3つの方法で質問したりします。

What …do you ～ ? （どんな…が～ですか？）

　A: I like ramen.

　B: Really? **What ramen do you like?**

　A: I like miso ramen.

How about you? （あなたは？）

　A: I usually go to bed at 10. **How about you?**

　B: I usually go to bed at midnight.

Why? （なぜ？）

　A: I want to go to Hokkaido this summer.

　B: **Why?**

　A: Because I want to visit a cool place.

指導の実際

T:　聞き手として、話をよく聞いているということを伝えることは、大切なことです。今日は、「相手に質問をして、詳しく知る」ということをします。（板書：質問をして、詳しく知る）

T:　例えば、Do you like sushi, S1?

S1:　Yes.

T:　What sushi do you like?

S1:　I like maguro.

T:　Me too. Why?

S1:　Why? ....Delicious.

T:　Yes! It's delicious. How about you, S2?

S2:　I like salmon.

T:　Nice. I like salmon too. このように、What … do you like?（どんな…が好き？）や、How about you?（あなたは？）、Why?（なんで？）と質問することで、相手のことを深く知ることができますね。

指導目標と評価

目標	相手に質問をして、相手のことを深く知ろうとする。
評価規準	相手に質問をして、相手のことを深く知ろうとしている。

評価基準		
	a	相手に**多くの**質問をして、相手のことを深く知ろうとしている。
	b	相手に質問をして、相手のことを深く知ろうとしている。
	c	質問をしていない。

評価場面	パフォーマンステスト（　✓　）　観察（　✓　） 自己評価（　✓　）　ワークシートの記述（　　　　）

10 » 「感想」を伝え、自分の考えや思いを伝えようとする

時間 10分　**時期** 7月

感想を伝える表現

　相手の話を聞きながら感想を言うのも、話を聞いていることを伝えることになります。また、テンポよく伝えることで、あいづちの役割を果たし、会話も継続していきます。対話の中に、次のような感想を挟むようにします。

- ☑ Good./Nice./ How nice!（いいね）
- ☑ Wonderful.（素晴らしい）
- ☑ Good idea.（いい考えね）
- ☑ I like it too.（私もそれ好きです）
- ☑ You are lucky.（運がいいね）
- ☑ It's convenient.（便利だね）
- ☑ Do your best.（がんばって）
- ☑ Amazing.（すごい！）
- ☑ Sounds delicious.（おいしそう）
- ☑ That's great.（すごい）
- ☑ Cute.（可愛い）
- ☑ I love it.（それ大好きです）
- ☑ It's fun.（楽しい）
- ☑ You are clever.（賢いね）
- ☑ It's cheap.（安いね）
- ☑ Well done.（よくできました）
- ☑ Cool.（いいね）
- ☑ I envy you.（羨ましい）

教師が生徒と対話しながら、感想表現を入れていく

　生徒に質問をしながら、生徒のことをよく知ろうとします。

T:　What season do you like?　　S1: I like summer.

T:　**Good!** Why do you like summer?　　S1: I like swimming.

T: **Nice!** How about you, S2?　　　S2: I like winter.

T: What do you like to do in winter?　　S2: I like snowboarding.

T: **Wonderful!**

T: 今、先生はどんな英語を使っていたか分かりますか？

Ss: Good. とか、Nice. とか、Wonderful. とか。

T: そうですね。相手の言ったことに対して、感想を挟んでいました。こんな風に、対話の中に、感想を入れながら言っていくと、相手も自分の話を聞いてくれているなと分かります。

T: では、感想を入れながら対話してみましょう。Talk in pairs.

S1: Hi, what season do you like?

S2: I like summer. I have a long vacation.

S1: **That's nice.** I like summer too. I can go camping.

S2: **Great.** Where do you go camping?

S1: I go to Nagano. I go camping every summer.

S2: **I envy you.** I want to go camping too.

指導目標と評価

目標		感想を伝え、自分の考えや思いを伝えようとする。
評価規準		感想を伝え、自分の考えや思いを伝えようとしている。
評価基準	a	感想を伝え、自分の考えや思いを**適切**に伝えようとしている。
	b	感想を伝え、自分の考えや思いを伝えようとしている。
	c	感想を言おうとしていない。
評価場面		パフォーマンステスト（　✓　）　観察（　✓　） 自己評価（　✓　）　ワークシートの記述（　　　　）

11 » 質問されたら同じ質問を相手にもする

時間 10分　**時期** 9月上旬

相手にも尋ねることが、対話の基本

　相手から質問をされ、質問に答えます。しかし、質問に答えて終えるのではなくて、相手にも同じ質問をしてあげましょう。質問したということは、尋ねた側もその話題について話したいと思っているかもしれません。

☑　質問されたことと同じ質問を、相手にも質問する
　　　☞尋ねてくれた人への礼儀
　　　☞コミュニケーションが円滑に進む

相手にも、同じ質問をすることを指導する

　次のような対話で、相手に質問してもらうように働きかけます。

T:　Hi, how are you, S1?

S1: I'm good.

T:　..........（無言で質問してくれるのを待つ）

S1: Ah, how are you?

T:　I'm good too, thank you.（嬉しそうに言う）When is your birthday?

S1:　My birthday is September 21st.

T:　Wow, you will have your birthday soon. What do you want?

S1: I want new basketball shoes.

T:　Nice. ....（無言で質問してくれるのを待つ）

S1: Ah........., when is your birthday?

T:　My birthday is January 19th. ....（無言で待つ）

S1: What do you want?

T:　I want a dashboard camera in my car.（写真で見せる）

T:　今日の目標は、「自分が質問されたことを、相手にも質問してあげる」です。話し手が一方的に話すのではなく、相手にも同じように尋ねることは、相手に対する礼儀でもあります。もしかしたら、相手も質問してもらいたいかもしれませんからね。では、そんなに難しくはないので、質問されたら、同じ質問を相手にもしてあげましょう。Talk in pairs.

S2: Hi, how are you?

S3: I'm great. How are you?

S2: I'm good.

S3: When is your birthday?

S2: My birthday is July 21st. When is your birthday?

指導目標と評価

目標		質問されたら、同じ質問を相手にも質問する。
評価規準		質問されたら、同じ質問を相手にも質問しようとする。
評価基準	a	質問されたら、**適切なタイミングで**、同じ質問を相手にも質問しようとしている。
	b	質問されたら、同じ質問を相手にも質問しようとしている。
	c	相手に尋ねることなく、一方的に話している。
評価場面		パフォーマンステスト（　✓　）　観察（　✓　） 自己評価（　✓　）　ワークシートの記述（　　　　）

12 ≫ つなぎ言葉を用いて、沈黙を埋めようとする

時間 10分　**時期** 9月中旬

Filler words を指導する

　会話に詰まったときのつなぎとなる言葉（filler words）を学び、効果的に用いながら、沈黙を埋めていくようにしましょう。右のようなプリントを用いて、表現を覚えさせていきます。学習の仕方は、ペアになり、ペアの片方が日本語、ペアのもう片方が英語を言う練習をさせながら、だんだんとプリントを見ないでも言えるようにさせていきます。

指導の実際

　このような語り掛けで指導します。
T:　何か言いたいことがあっても、なんて言えばよいのか分からず、沈黙してしまうことはあります。そんなときには、沈黙を埋めるつなぎ言葉が言えるといいです。
T:　例えば、質問されて、すぐに答えられず、考えているときには、Well. や、Let's see. ／ Let me see. また、That's a good question.「いい質問ですね」と言って、時間を稼ぎます。
T:　また、言いたい表現が思いつかないときは、How can I say?「何て言ったらいいんだろう」や、I don't know what to say.「何て言ったらいいか分からない」と言うことも、会話に挟むといいですね。

配付プリント例

ひとくち英語（つなぎ言葉）	
1　えーと。	1　Well. / Let me see. /Let's see.
2　う～ん、	2　Ummm,
3　何て言ったらいいんだろう。	3　How can I say?
4　ほら。分かるでしょ。	4　You know,
5　ほら。知っているでしょ。	5　You see,
6　いい質問ですね。	6　That's a good question.
7　とにかく、	7　Anyway,
8　つまり、	8　I mean.
9　言ったように、	9　As I said,
10　何と言ったらいいか分からない。	10　I don't know what to say.
11　なんか…	11　like …
12　本当のところ、	12　Honestly /To tell the truth,
13　実際のところ、	13　In fact,
14　例えば、	14　For example,
15　ところで、	15　By the way,
16　基本的に、	16　Basically,

指導目標と評価

目標		つなぎ言葉を用いて、沈黙を埋めようとする。
評価規準		つなぎ言葉を用いて、沈黙を埋めようとしている。
評価基準	a	つなぎ言葉を用いて、**効果的に**沈黙を埋めようとしている。
	b	つなぎ言葉を用いて、沈黙を埋めようとしている。
	c	沈黙を埋めようとしていない。
評価場面		パフォーマンステスト（　✓　）　観察（　✓　） 自己評価（　✓　）　ワークシートの記述（　　　　）

13 ≫ 得た情報を、他者に伝えようとする

時間 10分　**時期** 10月上旬

レポーティングのやり方を教える

　三人称単数現在形を学習したあたりから、やり取りをした内容を、他の人に伝えるレポーティング活動を行っていきます。得た情報を他者に伝えようとすることは、コミュニケーションを広げることにもなります。

　やり方は、簡単で、最初に隣同士のペアでやり取りをさせます。その後、前後でペアをつくり、最初のペア（隣の人）のことについて、伝え合うことをします。普段の対話のほとんどは、主語が二人称ですが、レポーティング活動を行うことで、三人称を主語にした英語を話すことになります。

- ☑ 隣同士のペアで、やり取りを行う
    - ☞ 必要に応じ、メモをとる
- ☑ 前後のペアで、最初のペア（隣の人）のことについて情報を伝え合う

前後のペアで、隣のペアについて伝え合う

　まず、隣同士のペアで、「週末の過ごし方」について、やり取りをします。

T:　Let's talk about your weekends.

S1:　Hello, how are you?

S2:　I'm good. How are you?

S1:　I'm good too. What do you usually do on weekends?

S2: On Saturdays, I have a baseball practice. On Sundays,I sometimes go shopping with my family. How about you?

S1: I stay home and play video games on weekends.…

*   *   *

T: O.K. Stop talking. Now, make pairs with the student sitting in front of you or behind you.

Ss: （前後でペアを組む）

T: Talk about your partner. I'll give you two minutes. Start.

　　この後、生徒は最初のペア（隣の人）のことについて伝え合います。

S1: Hello. My partner is Jun. He practices baseball on Saturdays. He sometimes goes shopping with his family. How about your partner?

S3: My partner is Miyuki. She practices piano on Saturday morning. She goes to swimming school on Saturday afternoon. She swims about 5km. She is free on Sundays.

S1: What does Miyuki do on Sundays?

S3: Sorry, I don't know.

指導目標と評価

目標		得た情報を他者に伝えようとする。
評価規準		得た情報を他者に伝えようとしている。
評価 基準	a	得た情報を、**できるだけ多く**、他者に伝えようとしている。
	b	得た情報を他者に伝えようとしている。
	c	得た情報を伝えようとしていない。
評価場面		パフォーマンステスト（　✓　）　観察（　✓　） 自己評価（　✓　）　ワークシートの記述（　　　）

14 》「情報」を読み取り、他者に伝えようとする

時間 10分　**時期** 10〜3月

読むことにおける「主体的に学習に取り組む態度」とは

　コミュニケーションとしての「読むこと」は、書き手が伝えている「情報」や「概要」を捉え、書き手の言いたいことの「要点」を掴もうとすることが大切です。

　そして、その上で、読み手の考えや意見を持つことが、本来のコミュニケーションとしての読みであり、そのことが、自分からできるようになっていくことが、「主体的に読もうとしている状況」につながります。

　しかし、読み取ろうとしている姿を正確に評価することは、とても困難です。そこで、観察しながら、形成的な評価を行っていきます。

　　☑　「情報」の読み取り　　→観察　　→形成的評価

　さらに、「情報」を正確に読み取っているかどうかは、アウトプットさせ、見える化します。捉えた「情報」を他者に伝えることで、正確に読み取ろうとしている姿も同時に、評価できます。

"What did you catch?" で、情報を伝え合う

　隣同士のペアで、「情報」の伝え合いを行います。

　まず、教科書題材を導入し、内容理解を図ります。その後、どんな「情報」が読み取れたかを、ペアで出し合います。

対話文であれば、誰の発話であるか理解し、主語を三人称にして言わなくてはいけません。本章13「得た情報を、他者に伝えようとする」に近い活動になります。

T:　O.K. Let's read the text. I want to ask you "What did you catch?".
　　Please write some on your notebook.
T:　For example, look at the 4th line. Miki says, "I have a friend in
　　Hawaii". So, we could say, "Miki has a friend in Hawaii".
T:　Please write some on your notebook.

　上のように声をかけた後、教師は、机間指導を行い、生徒とコミュニケーションを図りながら、生徒の「情報」の読み取り状況を見取っていきます。

T:　Now, stop writing. Share your ideas with your partner. Make pairs
　　and talk about the text.
S1:　Miki's friend is Libby.
S2:　Libby's father works as a tour guide in Hawaii. …

指導目標と評価

目標		「情報」を読み取り、他者に伝えようとする。
評価規準		「情報」を読み取り、他者に伝えようとしている。
評価 基準	a	「情報」を**正確**に読み取り、他者に伝えようとしている。
	b	「情報」を読み取り、他者に伝えようとしている。
	c	読み取った「情報」を伝えようとしていない。
評価場面		パフォーマンステスト（　　　）　観察（　✓　） 自己評価（　　　）　ワークシートの記述（　✓　）

15 » 読みやすい、丁寧な字で書こうとする

時間 10分　**時期** 4〜3月

丁寧に書く

　「書くこと」における「主体的にコミュニケーションを図ろうとする状況」の出発点は、他者意識を持ち、「丁寧な字で書く」ということをさせます。

　単語と単語の間隔を空け、文の最初は大文字で始めたり、文の終わりはピリオドや、疑問文ではクエスチョンマークを付けたりする等、文を書くときのルールも確認しておきましょう。

- ☑　丁寧な字で書く
- ☑　文の書き方のルールを確認する
    - ☞文頭の単語の最初の文字は、大文字にする
    - ☞文の最後は、ピリオド。疑問文はクエスチョンマークをつける
    - ☞コンマ、アポストロフィー、クオーテーションマーク、コロンなどを丁寧に記す

小文字のaとu、rとvの区別を意識して書く

　相手に読んでもらう文章は、下書きやメモではないので、読み手を意識して、丁寧に書くことを指導します。

　丁寧かどうかの判断は、文字の始筆と終筆、符号の書き方に現れます。

　また、小文字のaとuをしっかり意識させ、aは、上をしっかり閉じる、uは上を空けるというように、丁寧に書かせます。さらに、混同するのが、

rとvです。rをいい加減に書くと、vになってしまいます。

　これらのことは、教師の板書でも、常に意識し、丁寧な字を書くことを心掛けたいです。

T: 読み手を意識して書くときに、どんなことが大切になってきますか？

S1: 読みやすい字で書く。　S2: 丁寧に書く。　S3: 分かりやすく書く。

T: まずは、相手に読みやすい字で書かなくてはいけませんね。

T: その時に、気を付けた小文字があるんだけど、何か分かる？

S4: a?

T: なんで？

S5: 上が空いちゃうと、uになっちゃう。

T: そうだね。aは上を閉じないとだめなんだね。（板書 　a　 　u　 ）
　 同じように、rも気を付けなくてはいけないんだ。

S6: vになる。

T: そう！（板書 　r　 　v　 ）では、字を丁寧に書いて、作文しましょう。

指導目標と評価

目標		読みやすく、丁寧な字で書こうとする。
評価規準		読みやすく、丁寧な字で書こうとしている。
評価基準	a	読みやすく、**とても**丁寧な字で書こうとしている。
	b	読みやすく、丁寧な字で書こうとしている。
	c	読みやすい字でも丁寧でもなく、乱暴な字で書こうとしている。
評価場面		パフォーマンステスト（ ✓ ）　観察（ ✓ ） 自己評価（ 　 ）　ワークシートの記述（ ✓ ）

16 》 声量や目線を意識し、ジェスチャーを用い発表する

時間 10分　**時期** 12〜3月

発表における「声量」「目線」「ジェスチャー」

　まとまった文章を、クラスのみんなに向かって発表する際、教室の後方の生徒まで届く声が出ることが大事です。英語の授業では、少し大きいくらいの声で話す方がちょうどよいのですが、発表のときは、さらに声を後方まで届かせる必要があります。

　また、目線も教室の四隅まで届けるつもりで行います。

　さらに、適宜、身振り手振りを入れ、表情も豊かにできるといいでしょう。

　☑　声量　　　　　　☞後方の生徒まで届く声で
　☑　目線　　　　　　☞クラス全員の一人一人を見るつもりで
　☑　ジェスチャー　　☞伝えたい気持ちを身振り・手振りにのせて
　　　　　　　　　　　☞視覚でも伝える

技能や態度を育てるために、何度も言い続ける！

　発表は、クラスの前で、全員に向かって行うだけではありません。ペアで行う場合も、グループで行う場合もあります。そのような際も、伝えたい気持ちがあれば、相手に届く「声量」、相手に語り掛ける「目線」、必要に応じ、伝える気持ちが「ジェスチャー」となって現れることと思います。

　4月に、「声量」や「目線」「ジェスチャー」等は、コミュニケーションを図ろうとする際の留意点として指導済ではありますが（本章2、3、4参照）、

技能や態度は、長い時間をかけて育てるものです。

　発表活動の取組の際、もう一度、それらを確認・指導していきましょう。

T:　作成したスピーチ文で、発表をします。発表では、暗記したものを読むの
　　ではありません。自分の言葉で、みんなに伝えることが大事です。そのた
　　めには、自分の言葉になるくらいまで、何度も何度も練習することが大事
　　です。つかえたり、英文が棒読みになったりしているうちは、自分の言葉
　　とは言えません。練習がまだまだ足りないと言っていいでしょう。
T:　また、前に出てきて発表するときに心掛けることは、何でしょうか？
S1:　目線。
S2:　声の大きさ。
S3:　ジェスチャー。
T:　（3つを板書する）そうですね。では、これらの3つを意識して、練習
　　しましょう。

指導目標と評価

目標		声量や目線を意識し、必要に応じ、ジェスチャーを用いて、発表する。
評価規準		声量や目線を意識し、必要に応じ、ジェスチャーを用いて、発表しようとしている。
評価基準	a	声量や目線を**十分に**意識し、必要に応じ、**適切な**ジェスチャーを用いて、発表しようとしている。
	b	声量や目線を意識し、必要に応じ、ジェスチャーを用いて、発表しようとしている。
	c	声量や目線が意識されず、課題が見られる。
評価場面		パフォーマンステスト（ ✓ ）　観察（ ✓ ） 自己評価（ ✓ ）　ワークシートの記述（ 　 ）

17 ≫ 話し手への配慮を意識し、対話しようとする

時間 10分　**時期** 4月中旬

中学2年生の最初に、話し手への配慮事項を確認する

　1年生の4月から、聞き方について指導を行い、その後も、継続して指導していれば、身に付いているとは思いますが、新しい学年になった中2の4月に、もう一度、聞き方について指導・確認を行い、主体的に考えてコミュニケーションが行えるように、態度面を育てていきます。

【非言語コミュニケーション】
　☑　目線（アイコンタクト）を話し手に向けて聞く
　　　☞目を見て聞く
　　　☞身体を相手に向ける
　☑　頷いて聞く

【言語コミュニケーション】
　☑　あいづちを打ちながら、話を理解していることを示す
　☑　発言を繰り返しながら、話の内容を確認する
　☑　質問しながら、相手のことを深く知ろうとする
　☑　感想を言って、話を聞いていることを示す

聞き方のルールを黒板に貼り、視覚情報を与える

　1年生のときに、既に指導しているので、教師から一方的に提示するのではなく、生徒から出させ、自ら考えて行動できるよう、主体的な態度へと育

ていきます。生徒から出されたルールは、カード等で黒板に貼るなど、視覚情報を与え、ルールを意識させます。

T:　みんなが話を聞くときに、話し手への配慮として、どんなことに気を付けたらいいんだっけ？
S1:　相手を見る。
T:　そうですね。アイコンタクトです。その時に、大事なポイントがあったね。何かな？
S2:　体を相手に向ける。
T:　はい。大事ですね。（ 目線 というカードを黒板に貼る）他には？
S3:　頷く。
T:　そうですね。（ 頷く というカードを黒板に貼る）無表情で聞くのではなく、頷くことで、話を聞いていることが相手に伝わりますね。他には？
S4:　あいづち。　　S5: 繰り返す。　　S6: 質問する。　　S7: 感想を言う。
T:　このように聞こうとするって大事ですね。では、Small Talk しましょう。

指導目標と評価

目標		話し手に配慮しながら、主体的に聞こうとする。
評価規準		話し手に配慮しながら、主体的に聞こうとしている。
評価基準	a	話し手に**十分に**配慮しながら、主体的に聞こうとしている。
	b	話し手に配慮しながら、主体的に聞こうとしている。
	c	話し手への配慮に欠けている。
評価場面		パフォーマンステスト（ ✓ ）　観察（ ✓ ） 自己評価（ ✓ ）　ワークシートの記述（　　）

18 » 聞き手への配慮を意識し、対話しようとする

時間 10分　**時期** 4月下旬

聞き手への配慮事項を確認する

　聞き手への配慮も、1年生のときから、継続的に指導してきているかと思います。大事なことは、繰り返し、指導しなくてはいけませんし、技能や態度は、簡単に身に付くことではありませんので、意図的に繰り返し、身に付けさせていきます。

　次のようなことを、4月の授業で確認しましょう。

【非言語コミュニケーション】

☑　声量を確保する

　　☞少し大きいくらいの声が、ちょうどよい

☑　ジェスチャーを使用して話す

【言語コミュニケーション】

☑　質問されたら同じ質問を相手にもする

☑　つなぎ言葉を用いて、沈黙を埋めようとする

何でも言える教室環境を、創っていく

　話し方のルールでは、まず、「声の大きさ」があります。小さな声で、もごもご話すのではなく、少し大きいかなと思える程度の声を出して、ちょうどよいくらいであることを、生徒に指導します。

　大きな声が出せるということは、教室の雰囲気が解放されていることでも

あり、なんでも言える雰囲気を創っておくことが大切となります。

T: 聞き手への配慮には、どんなことを注意したらいいんだった？
S1: 声を大きくする。
T: そう。（　声量　というカードを黒板に貼る）少し、大きいくらいがちょうどいいんでしたね。
S2: ジェスチャーを使用する。
T: はい。ジェスチャー。（　ジェスチャー　というカードを黒板に貼る）
S3: 質問する。
T: そうですね。同じ質問を相手にもしてあげることって、聞き手への思いやりが詰まっていますね。（　同じ質問をする　というカードを黒板に貼る）
S4: つなぎ言葉を使って、沈黙を埋める。
T: そう。黙っていないで、何か言うんですね。（　つなぎ言葉　というカードを黒板に貼る）今日は、こういった聞き手への配慮を忘れずにやっていきましょう。

指導目標と評価

目標		聞き手に配慮しながら、主体的に話そうとする。
評価規準		聞き手に配慮しながら、主体的に話そうとしている。
評価基準	a	聞き手に**十分に**配慮しながら、主体的に話そうとしている。
	b	聞き手に配慮しながら、主体的に話そうとしている。
	c	聞き手への配慮に欠けている。
評価場面		パフォーマンステスト（ ✓ ）　観察（ ✓ ） 自己評価（ ✓ ）　ワークシートの記述（　　　）

19 » 分からないことや知りたいことを尋ね、話に関心を示す

時間 10分　**時期** 5月

分からないことや知りたいことは、質問する

　話し手にとって、一番不安なことは、聞き手の反応がないことです。せめて、表情でも、笑ったり、頷いたりしてくれればいいのですが、無表情で、黙っていたりすると、自分の話に興味がないのかと思ってしまいます。

　そこで、相手の話に反応し、深く尋ねたり、詳しく相手のことを知ろうとしたりする姿勢は、主体的に聞こうとする態度の現れでもあり、主体的に対話を行おうとする、話すことへの態度にもなります。

- ☑ 知りたいことを質問する
  - ☞深く掘り下げる質問をする
  - ☞詳しく尋ねる
- ☑ 分からなかったことを尋ねる
  - ☞発言を繰り返して、確認する
  - ☞理解を確認する

疑問詞を用い、質問する

　中学1年生で、疑問詞を学習します。そのため生徒は、質問されて答えることには慣れていますが、自分から質問をすることにはあまり慣れていません。どうしても、教師が質問し、生徒が答えるという構図があるからです。

　そこで疑問詞を用いて、正確に、自由自在に使いこなせるようになるよ

う、継続的に指導していきます。

T: 今日から、いろいろな質問をできるように、勉強していきましょう。

T: 疑問詞に、do you 〜 , did you 〜 , will you 〜等を組み合わせれば、いろいろな質問をすることができます。

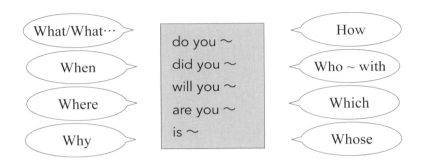

T: Where did you go last Sunday, S1?　　　S1: I went to Tokyo.

T: How did you go?　　　S1: I went there by train.

T: Who did you go with?　　　S1: With my family.

T: Why did you go to Tokyo?　　　S1: To see my cousin.

指導目標と評価

目標		聞き手に配慮しながら、主体的に尋ねようとする。
評価規準		聞き手に配慮しながら、主体的に尋ようとしている。
評価基準	a	聞き手に**十分**配慮しながら、主体的に尋ねようとしている。
	b	聞き手に配慮しながら、主体的に尋ねようとしている。
	c	尋ねようとしていない。
評価場面		パフォーマンステスト （ ✓ ） 観察 （ ✓ ） 自己評価 （ ✓ ） ワークシートの記述 （　　）

20 》 答えたら、1文付け足し、詳しく話そうとする

時間 10分　**時期** 6月

答えたら、1文付け足す

　質問されて、答えて、それでおしまいだと、なんとなく不自然な沈黙が生まれ、会話が途切れてしまいます。

　そこで、「答えたら、1文付け足す」ことで、話題を次につなげると同時に、主体的にコミュニケーションを図ろうとしようとする気持ちの現れにもなります。

　×　答えたら、黙る
　　　☞不自然な沈黙が生まれる
　○　答えたら、1文付け足す
　　　☞会話が続く
　　　☞詳しく説明する
　　　☞話題が深まり、広がる

QAから、QAA活動へ！

　「答えたら、1文付け足す」ということを習慣となるように指導します。

　私はこの「答えたら、1文付け足す」ことをQAA活動と呼んで行っています。QAで終わるのではなく、答えたら1文付け足し、Q→AAとするのです。授業の最初に行うSmall Talkの指導計画に位置付け、生徒に身に付けさせていきます。

T:　今日は、QA で終わるのではなく、答えたら 1 文足す QAA 活動を行います。（板書：QAA ）

　　例えば、What food do you like? と尋ねますね。

　　What food do you like, S1 ?

S1:　I like pasta.

T:　（黙って、1 文付け足すのを待つ）

S1:　あっ。I want to go to Italy and eat pasta.

T:　Oh, great. I went to Italy and tried pasta with my family 8 years ago. It was delicious.

　　Do you cook pasta, S1 ?

S1:　No.

T:　（黙って、1 文付け足すのを待つ）

S1:　あっ。My mother is good at cooking pasta.

T:　Nice. このように、答えたら 1 文付け足すと詳しく話すことになりますね。

指導目標と評価

目標		答えたら、1 文付け足して、詳しく伝えようとする。
評価規準		答えたら、1 文付け足して、詳しく伝えようとしている。
評価基準	a	答えたら、**複数文を**、付け足して、詳しく伝えようとしている。
	b	答えたら、1 文付け足して、詳しく伝えようとしている。
	c	答えるだけで、詳しく伝えようとしない。
評価場面		パフォーマンステスト（ ✓ ）　観察（ ✓ ） 自己評価（ ✓ ）　ワークシートの記述（　　　）

21 》 共通点を見つけながら、話題を広げようとする

時間 10分　時期 6月

共通点を見つけようと対話する！

　対話を盛り上げ、対話を続けていくためには、話題を広げたり、話題を深めたり、共通点を見つけたりしながら、話題をつなげていけるといいです。

　そのためには、話題に関して、相手に質問しながら、話題を広げ、話題を深めていきます。それが、主体的にコミュニケーションを図ろうとすることにつながっていきます。

　☑　共通点を見つけようとする

　　☞質問する　　→話題が深まる　　→話題が広がる

　そして、共通点が見つかると、親近感がわきます。例えば、次のようにお互いの共通点（映画鑑賞）があると、その話題で対話が深まり、広がります。

A:　Oh, you like watching movies? I like watching movies too.
　　Did you see ○○○○ ?
B:　Yes, it was a good story. Next week, I'll go to see a movie in Tokyo.
A:　Really? What will you watch?
B:　 I'll watch □□□□ .
A:　That's nice. I want to watch it too.

教師が見本を示す

　共通点を見つけようと質問しながら、話題を広げたり、深めたりする姿を生徒に見せ、その後の Small Talk 等で、習得していけるようにします。

T:　What will you do this Sunday, S1?
S1: I will play soccer.
T:　All day?　☜ 確認する（質問する）
S1: No. In the morning.
T:　What will you do this Sunday afternoon?　☜ 話題を深める
S1: I will play games with my friends.
T:　Are you good at games?　☜ 話題を深める
S1: No, but my friend Hiro is good.
T:　Really? What do you like, Hiro?　☜ 話題を広げる
Hiro:　I like □□□□ .

指導目標と評価

目標		共通点を見つけながら、話題を広げたり、深めたりしようとする。
評価規準		共通点を見つけながら、話題を広げたり、深めたりしようとしている。
評価基準	a	共通点を見つけながら、**上手に、**話題を広げたり、深めたりしようとしている。
	b	共通点を見つけながら、話題を広げたり、深めたりしようとしている。
	c	話題を広げたり、深めたりしようとしていない。
評価場面		パフォーマンステスト（　✓　）　観察（　✓　） 自己評価（　✓　）　ワークシートの記述（　　　　）

自分のことを言ってから、相手に質問する

時間 10分　時期 7月

質問する前に、自分のことを話す

いきなり質問してもいいのですが、自分のことも少し語ってから、質問するというコミュニケーションの取り方も教えます。

以前、オンラインセミナーで、先生方が全国から参加しているので、どこから参加しているのかを尋ねようと、Where are you?（どこにいるのですか）と尋ねました。すると、I'm at home.（家にいます）と返ってきました。本来は、どこの都道府県から参加されているのかを知りたかったのですが、「家にいます」と返ってきてしまったのです。

そのとき、自分の尋ね方がよくなかったと感じ、I am in Gifu now. Where are you?（私は今、岐阜ですが、あなたはどちらにいますか）と尋ねると、I'm in ….（…県にいます）と狙い通りの返答が返ってきました。

　× 　唐突に、質問する
　　　☞意図しない返答が返ってくることもある
　○ 　自分のことを語ってから、質問する
　　　☞質問の意図がよく分かる

教師が見本を示す

実際に、生徒同士で対話を行わせる前に、「自分のことを言ってから、相手に質問する」ということを教師が見本を示します。なお、心理学的には、

自己開示することで、相手も自己開示しやすくなると言われています。

T: 今日の Small Talk は、すぐに相手に質問するのではなく、自分のこと
を語ってから、相手に尋ねるようにしましょう。
（板書：自分のことを言ってから、相手に質問する ）

T: I will be busy this weekend. I'm going to have a tennis tournament
this Saturday, and the next day, my daughters will come to my house.
I have to prepare for the barbeque. How will you spend this
weekend?

S1: I have a judo practice on Saturday afternoon, and I have no plan this
Sunday.

T: I envy you. I'm really busy. I want to do many things. I have to take
care of vegetables. I want to read books. I want to go to a hot spring.
What do you like to do in your free time?

S1: I like playing games. Maybe, I will play games this Sunday.

指導目標と評価

目標		自分のことを言ってから、相手に質問する。
評価規準		自分のことを言ってから、相手に質問しようとしている。
評価基準	a	**適切な内容とタイミングで、自分のことを言ってから、相**手に質問しようとしている。
	b	自分のことを言ってから、相手に質問しようとしている。
	c	いきなり質問している。
評価場面		パフォーマンステスト （ ✓ ） 観察 （ ✓ ） 自己評価 （ ✓ ） ワークシートの記述 （ ）

23 >> 即興的な話題に対し、話そうとする内容を整理して話す

時間 10分　**時期** 9月

即興的な〈発表〉に挑戦！

　生徒に、What did you do last weekend?（週末は何をしましたか）と尋ねます。I had a piano lesson.（ピアノの練習がありました）等と返答があると、その後、How was it?（どうでしたか）と尋ねたくなります。

　ただし、これでは、一問一答の対話になってしまいます。

　でも、もし、Please tell me about your last weekend.（あなたの週末について教えて）と言えば、週末について、まとまりのある英文で語ってもらうことが可能です。そして、もっと詳しく聞きたかったら、Tell me more.（もっと話して）と言えばいいです。

　×　質問する　　　☞一問一答になりがち
　○　お題を与える　☞まとまりのある内容を話す
　　　　　　　　　　☞瞬時に内容を整理して話す

相手意識を持ち、内容を整理して話す

　〈発表〉の活動は、あらかじめ原稿を用意しておくことから、準備のある〈発表〉がほとんどです。しかし、準備のない〈発表〉＝即興的な〈発表〉もあります。例えば教師は生徒にお題を出します。Please tell about your favorite food.（あなたの好きな食べ物について話してください）と言います。生徒はペアになり、ペアの片方がそれについて話します。そのとき、立っ

て発表するように言います。このとき、話すことの内容を整理して伝えるよう意識させるのです。

T:　Today's topic is "Tell me what you are going to do tonight."
　　Make pairs, and students sitting near the window, stand up.
Ss:　（窓側の生徒は立つ）
T:　Now, I'll give you about 2 minutes. Start.
S1:　Hello. How are you?
S2:　I'm good. How are you?
S1:　I'm good too. I will be busy tonight. When I get home, I must go to juku. I'm going to study math for 2 hours. Then, I will get home after 9. I will take a bath, and eat dinner. After that, I must do my homework.I will be very busy. I want free time.
S2:　What time will you go to bed?
S1:　I will go to bed at 12.

指導目標と評価

目標		即興的な話題に対し、内容を整理して話す。
評価規準		即興的な話題に対し、内容を整理して話そうとしている。
評価基準	a	即興的な話題に対し、**接続詞などを適切に用いながら**、内容を整理して話そうとしている。
	b	即興的な話題に対し、内容を整理して話そうとしている。
	c	内容が十分に整理されていない。
評価場面		パフォーマンステスト（　✓　）　観察（　✓　） 自己評価（　✓　）　ワークシートの記述（　　　）

24 ≫ 聞き手の理解を確かめながら、発表しようとする

時間 10分　**時期** 10月

聞き手の理解を確認する

　聞き手への配慮に、「聞き手の理解を確かめながら、話す」を設定します。クラスでスピーチをする場合も、一方的に話すのではなく、クラスメイトの表情を見ながら、質問を投げかけたり、理解を確認したりしながら行えることは、聞き手を配慮した「主体的に話そうとする態度」と言えます。

☑　聞き手の理解を確かめながら、話す
　☞ Are you with me?（分かりますか）
　☞ You know what I mean?（私の言うことが分かりますか）
☑　話題に関する投げかけを行う
　☞ What do you want for your birthday?
　（誕生日に何が欲しいですか）
　☞ Did you watch the drama?（そのドラマを見ましたか）
　☞ What do you think about school rules?
　（校則についてどう思いますか）

ペア活動で、理解の確認の仕方に慣れさせる

　いきなりクラスの前で発表するのではなく、ペアでの対話や即興的な〈発表〉で、練習させておきます。そして、それがスピーチなどのパフォーマンスに現れれば、評定に結び付ける評価として、評価することができます。

T: 話すことも大事ですが、相手がどう感じているのかを確認したり、話を
どの程度、理解しているかを確認したりしながら行うことも大事です。
例えば、Are you with me? や、You know what I mean? と、話の途中
で確認したり、What do you want for your birthday? や、Did you
watch the drama? など、話題に関する問いかけを行うことも効果的で
す。(適宜、板書や、ワークシートに一覧にして示す)

T: では、ペアで、相手の理解を確かめながら、やってみましょう。

ペアを替え、数回やった後、自己評価をさせます。

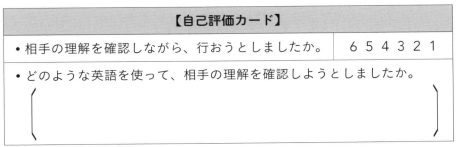

【自己評価カード】	
• 相手の理解を確認しながら、行おうとしましたか。	6 5 4 3 2 1
• どのような英語を使って、相手の理解を確認しようとしましたか。	

6　バッチリ　　5　よくできた　　4　できた　　3　あまりできなかった
2　できなかった　　1　全然できなかった

指導目標と評価

目標		聞き手の理解を確かめながら、発表しようとする。
評価規準		聞き手の理解を確かめながら、発表しようとしている。
評価基準	a	聞き手の理解を、**表情の観察や、言葉で**確かめながら、発表しようとしている。
	b	聞き手の理解を確かめながら、発表しようしている。
	c	一方的な語りになっている。
評価場面		パフォーマンステスト（　✓　）　観察（　✓　） 自己評価（　✓　）　ワークシートの記述（　　　）

25 » 話の「要点」を掴もうとする

時間 10分　**時期** 10〜3月

「要点」を捉え、友達と共有する

　1年生では、書かれている内容の「情報」を掴むことを中心的な目的としました。2年生では、書き手の意向を正確に理解する「要点」の読み取らせたいです。

　対話文では、例えば、What will Jack do after this?（この後、ジャックは何をするでしょうか）や、Why did Maki ask Libby about her stay in Japan?（なぜマキはリビーに日本の滞在について尋ねたの）等の推論発問を行い、生徒の「要点」の読み取りを行います。説明文では、Topic Sentence に注目し、言いたいことの「要点」を見つけさせます。

☑　「要点」を掴む
　　☞ 書き手の言いたいことを、正確に理解する
　　☞ 対話文では、行間を読む
　　☞ 説明文では、Topic Sentence を見つける

☑　捉えた「要点」を、他者と伝え合う
　　☞ 友達と発表し合う
　　A:　What is the main point?
　　B:　I think we should not forget about the wars.
　　A:　I think so too. Miki repeats that.

要点はどこ？　ALTの考えと比較する！

　生徒に要点の読み取りを行わせた後、ALT がいれば、What is the main point of this passage?（この文章の要点は何ですか）と教師が ALT に尋ね、生徒が考えた要点がそれと一致するかどうかやってみるといいでしょう。

T:　What is the main point of this passage? Read the text and underline the sentence. I'll give you 4 minutes.

Ss:　（教科書を読み、「要点」に線を引く）

T:　（机間指導する）

T:　Now, what do you think?

S1:　I think "There are still many environmental problems in our world."

S2:　I think "Our environment is changing year by year."

T:　What do you think, Mr.Flowers?

ALT: I think that "people need to cope with many types of challenging environmental problems."

指導目標と評価

目標		話の「要点」を掴もうとする。
評価規準		話の「要点」を掴もうとしている。
評価 基準	a	**書かれているものを何度も読み直し、話の「要点」を掴もうとしている。**
	b	話の「要点」を掴もうとしている。
	c	話の「要点」を掴もうとしていない。
評価場面		パフォーマンステスト（　　　）　観察（　✓　） 自己評価（　　　）　ワークシートの記述（　✓　）

中学2年　書くこと

情報を加え、詳しく書こうとする

時間 15分　**時期** 10〜3月

既習事項を活用して、詳しく伝えられるようにする

　2年生では、because や when, if 等の接続詞や、不定詞等を学習し、理由や状況を詳しく説明する文が書けるようになってきます。

　そこで、読み手を意識し、できるだけ詳しく書いたり、読み手の知りたい情報を先取りして書いたりすることは、「主体的にコミュニケーションを図ろうとする態度」に通ずるかと思います。

☑　従属接続詞（because）や不定詞を用いて、理由を書く
　　☞ I am happy **because** I finished my homework.
　　☞ I am happy **to do** my homework.
☑　副詞句を付け加えて、状況等を詳しく説明する
　　☞ I saw a white boar **at the street in Gifu late at night.**
　　☞ **When** I was driving home at night, I saw a big white boar.
☑　等位接続詞（and 等）を用いて、文を長くする
　　☞ Last Sunday, I went shopping in Nagoya with my wife, **and** we bought a present for our grandchild.

1文を長く書く練習をする

　1文を長く書く練習をします。黒板に、"I went to the park" と、ピリオドは付けずに書きます。

その後、「この英文は５つの単語からできています。ここに、いろいろな語句を付けて、できるだけ長くしましょう」と言って、書かせます。

T: どんな英文ができましたか。英文と何語になったかを言ってください。
S1: I went to the park with my sister.（8）
S2: I went to the park with my brother and sister yesterday.（11）
T: おっ、11 語ですね。長くなりました！ Yesterday は、文頭に持ってきて、Yesterday, I went to the park with my brother and sister. でもいいです。
S3: I went to the park with my sister and Yuki's sister, and we enjoyed playing tennis there.（17）
T: おっ、17 語ですか。文と文をつなぐ接続詞を使いましたね。じゃ、今度は、"I studied"、これを長くしてみましょう。

　このように、情報を付け加えながら、長く書くことに慣れる学習をします。その後、実際に、テーマ作文に取り組む際に、相手意識を持ち、読み手に配慮し、知りたくなる情報がきちんと入るように書けるかどうかを評価します。この点については「思考・判断・表現」の評価と重なる部分です。

指導目標と評価

目標		情報を加え、詳しく書こうとする。
評価規準		情報を加え、詳しく書こうとしている。
評価基準	a	情報を加え、**読み手を意識し**、詳しく書こうとしている。
	b	情報を加え、詳しく書こうとしている。
	c	情報を加え、詳しく書こうとしていない。
評価場面		パフォーマンステスト（　　　）　観察（　✓　） 自己評価（　　　）　ワークシートの記述（　✓　）

27 >> 感想や意見を持って読もうとする

時間 10 分　**時期** 10 〜 3 月

批判的な読み（Critical Reading）の方法を教える

　コミュニケーションとしての「読み」は、読んで内容を理解すればよいということだけではありません。読んだことについて、どのように感じたか、また、それについてどう思うか、考えるか。そのような感想や意見を持って読むことが、主体的に読もうとする姿であり、書き手との対話になります。

　これが「批判的に読む」ということです。「批判的な読み」とは、筆者の要点を正確に読み取り、自分の考え・論理をつくっていく読み方となります。

　そのためには、書かれている事柄が「事実」なのか、筆者の「意見」なのかを区別して読むことが大切です。

　☑　批判的に読む
　　☞　筆者の要点や事実を正確に掴む
　　☞　「感想」を持つ
　　☞　「考え・意見」を持つ
　　☞　「主張」を持つ
　☑　事実と意見を分けて読む

情報や要点を掴む

　読むことは、3 つあります。「情報を掴む」・「概要を掴む」・「要点を掴む」となります。生徒にも、読みながら、情報や概要、要点を掴ませるように読

ませます。

　最初のうちは、教師の発問により、それらを掴ませるようにしていきますが、教師の発問がなくても、生徒自らが、大切な情報には下線を引いたり、要点に波線を引いたりしていくことができるよう育てていくことが主体的に読むことを行わせる指導となります。

T:　Underline the important information on this page. 大切な情報に下線を引きましょう。

Ss:　（大切だと思う情報に線を引く）

T:　What is the main point on this page? Underline it with a wavy line. 一番大切な文は、どれでしょうか。波線を引きましょう。

Ss:　（大切な文に波線を引く）

T:　What do you think of landmines?　Write on your notebook.

Ss:　（地雷について、ノートに自分の考えを書く）

S1:　（I hope every landmine should be disappeared from our earth.）（ノートに自分の考えを書く）

指導目標と評価

目標		感想や意見を持って、読もうとする。
評価規準		感想や意見を持って、読もうとしている。
評価基準	a	**自ら**感想や意見を持って、読もうとしている。
	b	感想や意見を持って、読もうとしている。
	c	感想や意見を持つことができない。
評価場面		パフォーマンステスト（　　）　観察（　✓　） 自己評価（　　）　ワークシートの記述（　✓　）

28 » 問いを投げかけるなどして、読み手に働きかけている

時間 10分　**時期** 10〜3月

読み手に問いかけるように書く

　読み手を意識して書く場合、一方的に語っていくのではなく、読み手に問いかけ、話題に迫っていくことも、取り入れたい指導事項です。

　例えば、次のように語り掛けていきます。

Do you like to read books? What kinds of books do you like to read?

For me, mystery is my favorite. Let me tell you about my favorite mystery novel. It's ….

　このように、読み手に問いかける方法も、少しずつ教えていき、作文に取り入れていくようにさせていきます。

　　☑　読み手に問いかける

　　　　☞文頭で、問いかける

　　　　☞途中で、問いかける

　　　　☞最後に、問いかける

表現方法の工夫に気付かせる

　2つの書き方の見本を見せ、生徒に読ませます（右の表参照）。どちらの方が、読み手として、読みやすかったか、を尋ねます。同時に、書き方にどんな工夫が見られたかを出させます。そして、一方的に語っていくのではなく、読み手に問いかけたりすることも、効果的に書く手段であることに気付かせます。

T: Read A and B.

Ⓐ My favorite book	Ⓑ My favorite book
I like reading books. I like mysteries. This is my favorite book. It's written by Sasaki Yuki. Her novel is very interesting.	Do you like to read books? What kinds of books do you like to read? For me, mystery is my favorite. Let me tell you about my favorite mystery novel. It's written by Sasaki Yuki. Her novel is very interesting.

T: Which one is better?
Ss: I think B is better.
T: Why do you think so?
S1: Because… 入り方が優しい。
T: どんな工夫がされているかな？
Ss: 疑問文で始めている。
T: では、書くときに、読み手を意識して、みんなも問いを投げかけるように書いてみましょう。

指導目標と評価

目標		問いを投げかける等、読み手を意識し、書いている。
評価規準		問いを投げかける等、読み手を意識し、書こうとしている。
評価基準	a	問いを投げかける等、**より多くの工夫を用い**、読み手を意識し、書こうとしている。
	b	問いを投げかける等、読み手を意識し、書こうとしている。
	c	問いを投げかける等の読み手を意識した工夫がない。
評価場面		パフォーマンステスト（　　）　観察（　✓　） 自己評価（　　）　ワークシートの記述（　　　）

29 »

最後まで粘り強く、話を聞こうとする

時間 10分　**時期** 4月

大事なことは、何度でも教える！

　中学3年生くらいになると、個人差も広がってきます。英語に興味がある生徒は、前向きに学習に取り組む一方、英語に興味を失っている生徒は、どうしても受け身になりがちです。

　特に、聞くことの活動では、聞く英文量も多くなり、途中で聞くのをあきらめてしまったり、ペアで対話をしていても、話を最後まで聞かずに、途中で言葉を挟んだりがちです。

　そこで、中学3年生になったこの時期に、もう一度原点に戻り、誰かが話しているときには、「話を最後まで聞く」「途中で、話の内容が分からなくなっても、粘り強く聞く」ということを、確認したいです。

- ☑　話を最後まで聞く
- ☑　途中で、分からなくなっても最後まで話を聞こうとする
- ☑　必要に応じ、話を理解するために、質問する

意図的に、話す時間を長くしていく

　生徒の聞く力を高めるために、ALTに毎回、短い話をしてもらうことを帯活動として、取り組みます。これも意図的・計画的に行い、1年生では1分間、2年生では2分間、3年生では3分間のように、だんだんと長くしていくといいでしょう。

T: Mr. Flowers will talk for a little longer, but don't give up listening. Try to listen to the end. O.K.? Now, Mr. Flowers, please.

（ALT が 3 分程度の話をする）

T: Did you listen to his story to the end?

Ss: （手を挙げる）

T: Good. どんなに話が長くなっても、最後まであきらめず話を聞き続けるということは、大事なことです。

（ Listen to the end. というカードを貼る）

T: Then, did you see Mr. Flowers and listen to his talk?

Ss: （手を挙げる）

T: Great. You can make it. 相手の話を聞くときは、相手の目を見てしっかり聞くことは、大事です。

（ Eye contact というカードを貼る）

　このように一度指導したら、その後も、引き続き、継続的に指導し、身に付けさせていきます。そして、パフォーマンステスト時等で、適切な態度が身に付いているか評価します。

指導目標と評価

目標	最後まで粘り強く、話を聞こうとする。		
評価規準	最後まで粘り強く、話を聞こうとしている。		
評価基準	a	最後まで粘り強く、**相手の目を見て**話を聞こうとしている。	
	b	最後まで粘り強く、話を聞こうとしている。	
	c	最後まで話を聞かず、途中で聞くことをあきらめている。	
評価場面	パフォーマンステスト（　　）　観察（ ✓ ） 自己評価（ ✓ ）　ワークシートの記述（　　）		

30 ≫ 話の概要や要点を、他者に伝えようとする

時間 10分　**時期** 5月

聞いたり読んだりした内容を、他者に伝える！

　中学1年生では「情報」を捉え、他者に伝えることをしてきました。3年生では「概要」や「要点」を他者に伝える活動を行いたいと思います。

　「概要」とは何でしょうか。英語で言うと、outline of the story となります。つまり、話の大枠を語るということになります。それを一言で言い表すこともあります。例えば、桃太郎の話であれば、It is an old Japanese story about a boy who went to *onigashima* with a dog, a monkey and a pheasant to beat devils on the island. とでも言えるでしょう。

　「要点」とは、main point of the story です。物語文で言えば、「主題」に当たります。説明文では、筆者の一番言いたいことになります。

- ☑　情報　　☞ information
- ☑　概要　　☞ outline
- ☑　要点　　☞ main point

ALT Talk を毎時間設定し、情報や概要、要点の理解を図る

　生徒の聞く力を高めるために、ALT に毎回、短い話（2〜3分）をしてもらうことを帯活動として、取り組みます。

　生徒は、聞いた後、その内容を友達に伝えることで、「聞いたことを他者に伝える」という「聞く・話す」の統合的な活動を行います。

ペアで聞き取った内容を伝え合う

　ALT に短い話をしてもらった後、概要を生徒全体に尋ね、その後、ペア
で聞き取った情報を共有させます。最後に、ALT が言いたかったことを推
測して、話の要点を出し合わせます。

T:　What was Mr. Flowers talking about?　　☜ 概要を尋ねる

Ss:　He is talking about his spring vacations.

T:　Good. What did you catch?　　☜ 情報を尋ねる
　　Now, talk in pairs.

Ss:　(ペアで、聞き取った内容の情報交換をする)

S1:　Mr. Flowers' parents came to Japan and stayed for a week.

S2:　He took his family to Nagoya castle.

S1:　They eat　…　ate *sukiyaki* because his mother love cooking, and she
　　wanted to learn Japanese dishes.

T:　What is the main point of his talk?　　☜ 要点を尋ねる

Ss:　He wanted to tell us that he enjoyed his life with his parents.

指導目標と評価

目標		話の概要や要点を、他者に伝えようとする。
評価規準		話の概要や要点を、他者に伝えようとしている。
評価基準	a	話の概要や要点を、**適切に**、他者に伝えようとしている。
	b	話の概要や要点を、他者に伝えようとしている。
	c	話の概要や要点を、他者に伝えようとしていない。
評価場面		パフォーマンステスト（　　）　観察（　✓　） 自己評価（　✓　）　ワークシートの記述（　　　）

中学3年 話すこと（やり取り・発表）

相手に分かる英語を用いようとする

時間 10分 **時期** 6月

相手意識を持ち、相手に分かるように話す

　個人差が広がる中学3年生では、既習事項ですら習得できていない生徒がいます。また、習っていない語や語句、表現を無理やり使って英語を話す生徒がいます。言いたいけれど言えない言葉を、辞書等で引き、それをそのまま用いて、英語表現するのです。

　既習事項でない語彙を用いるのは、それを表現するために必要だから行うのですが、相手意識を持った場合、相手が中学3年生の友達だとしたら、相手のことを考え、必要に応じ、日本語で補ったり、別の言葉で説明したりする配慮ができるようにしたいです。

　☑　日本語で補う
　　　☞ I went to Chita Peninsula, 知多半島 , last week.
　☑　ジェスチャーで補う
　　　☞ I don't like a rainy season because it's humid.
　　　　（肌をこすったりしながら、不快感を表す）
　☑　他の分かりやすい英語で言い換える
　　　☞ I ran along the bank…, ah…, riverside.

　スピーチ文を書くとき等で、生徒は母語レベルで言おうとすると、やたらと難しい表現を使いたがります。そこで、教師が机間指導で相手意識のことに気付かせていきます。

難しい語彙を、他の表現で説明する

S1: 先生。「日焼け」って、なんて言うんですか？

T: 辞書を引くと、sunburn って、出てきますね。

S1: 「日焼けする」は、I have a sunburn. でいいですか？

T: I get a sunburn. と、get を使います。

S1: じゃあ、I don't like to get a sunburn. で、「日に焼けるのは好きではない」という意味でいいですか？

T: 黒くなるのが嫌なの？　真っ赤にやけどみたいになるのが嫌なの？

S1: 黒くなるのが嫌。

T: そうか、その場合は、suntan を使うので、I don't want to get a suntan. でも、その英語を使って、クラスのみんなは分かるかな？

S1: そうか。I don't want to get a suntan. と言った後、Suntan is …the sun shines and makes our skin dark. I don't like it. と補えばいいですか？

指導目標と評価

目標	相手に分かる英語を用いようとする。	
評価規準	相手に分かる英語を用いようとしている。	
評価基準	a	**相手意識を持ち、別の言い方で言い換えたり、ジェスチャーで示したりするなど、**相手に分かる英語を用いようとしている。
	b	相手に分かる英語を用いようとしている。
	c	相手に分かる英語を用いようとしていない。
評価場面	パフォーマンステスト（　✓　）　観察（　✓　） 自己評価（　　　）　ワークシートの記述（　✓　）	

32 » 分からない語彙があっても推測して読もうとする

時間 10分　**時期** 7月

日本語でも分からない語彙は、読み飛ばしている！

　コミュニケーションとしての「読み」では、多少、分からない語彙があっても、読み進め、「情報」を読み取り、おおよその「概要」や「要点」を掴んでいかなくてはいけません。実際に、私たちも新聞を読むときには、全ての意味が分かって読んでいるわけではありません。読み取るのに、不必要な語彙は、意味が分からなくても飛ばして読んでいるはずです。

☑　分からない語彙があっても、読み飛ばす

☑　前後から、英文の意味を推測する

☑　分かる単語を頼りに、英文の意味を推測する

教科書以外の英文で、読み進める

　通常、第二言語の読み取りでは、未知語の割合が2％、100語に2語以下であれば、読み進められるといいます。そう考えると、教科書の題材は、多くの未知語が存在します。そのような中で、分からない語彙があっても、前後から推測して、読み進めるのは、困難です。

　そこで、教科書から離れ、オリジナルな英文を作成したり、『やさしい英語マガジン「じゃれマガ」』（http://catchawave.jp/jm/）を利用したり、ALTに100語程度の文章を書いてもらい、それを配付し、生徒に読ませます。生徒が多少の未知語は気にせず、全体の意味を推測しながら読もうとすることができるようにします。

（参考）望月正道ほか著（2003）.『英語語彙の指導マニュアル』. 大修館書店（p.18）

日本語で体験させる

　日本の新聞の社説や、事件事故等の記事を生徒に渡し、読ませます。

T:　　何が書いてありましたか？

Ss:　大学教授が論文で違反した。

T:　　そうですね。「捏造」って、どういう意味か分かりますか？

Ss:　…

T:　　「査読」って何だろう？

Ss:　…

T:　　分からない言葉があっても、みんななんか良くないことが起こっている
　　　ことが分かりましたね。分からない言葉があっても、全体的になんて言っ
　　　ているのかが分かればいいのです。これは英語を読むときも同じなんで
　　　す。では、今から英文プリントを配りますので、分からない言葉は気に
　　　せず、どんなことが書いてあるかどうかを読み取っていきましょう。

指導目標と評価

目標		分からない語彙があっても、前後から推測して読もうとする。
評価規準		分からない語彙があっても、前後から推測して読もうとしている。
評価基準	a	
	b	分からない語彙があっても、前後から推測して読もうとしている。
	c	分からない語彙があると、気になってその先が読めない。
評価場面		パフォーマンステスト（　　　）　観察（　✓　） 自己評価（　✓　）　ワークシートの記述（　　　）

33 » Topic Sentence を意識し、概要や要点を把握する

時間 10分　時期 7月

読むときにも、パラグラフライティングの型を意識しよう！

　パラグラフライティング（Paragraph Writing）とは、筆者の主張を明確に展開する書き方の1つの方法です。1つの段落に1つの話題だけを書いていくので、英語圏などでは、よく用いられる技法です。

　まず、段落の最初で、筆者の考えを提示する「主題文（Topic Sentence）」がきます。次に、その考えの根拠や具体例等をいれた「支持文（Supporting Sentences）」がきます。最後に、筆者の考えをまとめた「結論文（Concluding Sentence）」がきます。これで1つの段落が終わります。

　各段落では、論点を1つに絞り、話題が変わるときには、新しい段落を作りますので、読み手としては、段落が変わったら、新しい話題になるのだなと理解できます。

　そのため、各段落の最初の文（主題文）を読んでいくだけでも、話の概要が掴め、筆者の言いたいこともおおよそ見えてきます。

☑　主題文（Topic Sentence）

　　↓

☑　支持文（Supporting Sentences）

　　↓

☑　結論文（Concluding Sentence）

主題文を読んで、概要を掴む

Topic Sentence が明確に分かる教材を選び、次のように問いかけます。

T: 英語の文章では、1つの段落には、1つの話題しかありません。それも、
文章の最初の方に、その段落で伝えたい内容が書かれています。それを、
Topic Sentence と言います。第1段落での Topic Sentence は何かな？

S1: "A lot of people use plastic bottles because they are light and
convenient."

T: ペットボトルは便利だって、言っているんだね。第2段落には、何が書
いてあるのかな？

（各段落の主題文を見つけさせていく）

T: このように、主題文だけを読んでいけば、何が書かれているのか、また、
筆者は何が伝えたいのかが、読み取れるというわけです。

では、他の教材でもやっていきましょう。

指導目標と評価

目標	Topic Sentence を意識し、概要や要点を把握しようとする。	
評価規準	Topic Sentence を意識し、概要や要点を把握しようとしている。	
評価基準	a	
	b	Topic Sentence を意識し、概要や要点を把握しようとしている。
	c	Topic Sentence を意識せず、読んでいる。
評価場面	パフォーマンステスト（　　　）　観察（　✓　） 自己評価（　　　）　ワークシートの記述（　✓　）	

34 » うまく伝えられないときに、他の表現を考えようとする

時間 10分　**時期** 9月

うまく伝えられないときは、伝え方を変える

　中学3年生では、即興的なやり取りや発表を行う際、うまく言えないことや、言いたい語彙が思いつかないということは、十分想定されます。

　そんなときに、主体的に考え、コミュニケーションを図ろうとする姿として、仮に、他の言い方に変えて伝えようとしていれば、それは立派な「主体的に学習に取り組む態度」として、評価できるのではないでしょうか。

　全てではありませんが、観察していると、そのように取り組む生徒も、中学3年生くらいになってくると、出てくるかと思います。

　　×　うまく伝えられない　　☞あきらめる
　　○　うまく伝えられない　　☞他の言い方を考える

言い換えの仕方を教える

　誰でも、伝えたいことがうまく伝えられなかったり、語彙が思いつかなかったり、度忘れしたりすることがあります。そこで、伝えたいことと大きく意味が違わない程度に、言い換える練習をします。そして、言い換えて言えることも、コミュニケーションでは大事であることに気付かせます。

T:　英語を話すとき、言いたくても英語で何と言えばいいか分からなかったり、うまく伝えられなかったときに、みんななら、どうする？

S1: 習った英語で言い換える。　S2: ジェスチャー。　S3: 絵を描く。

T: 伝えたいという気持ちがあれば、どれもいいですね。ただ、最初からあきらめたり、安易に日本語を使ったりするのは、よくないですね。

T: 例えば、テレビを見て、「つまらかった」と言いたいとき、なんて言う？

S4: It was … It was not fun.

T: Great! You changed the phrase. "つまらない" is "おもしろくない."
In this case, we can say, "It was not fun." How nice!
このように、言えないことがあったら、他の言い方で言えないかどうかを考えてみるんですね。

T: では、練習です。次の例を表現してみましょう。
①散歩が日課です。②ゲームにはまった。③海が見える店です。

言い換えの例　① I take a walk every day. ② The game is fun. I can't stop playing it. ③ We can see the ocean from the shop.

指導目標と評価

目標		うまく伝えられないときに、他の表現を考えようとする。
評価規準		うまく伝えられないときに、他の表現を考えようとしている。
評価基準	a	うまく伝えられないときに、他の表現を考えて**伝えようとしている。**
	b	うまく伝えられないときに、他の表現を考えようとしている。
	c	うまく伝えられないときに、他の表現を考えようとしていない。
評価場面		パフォーマンステスト（　✓　）　観察（　✓　） 自己評価（　　　）　ワークシートの記述（　　　　）

35

中学3年 話すこと（やり取り）

スピーチを聞いて、質問しようとする

時間 10分　**時期** 10月

スピーチの後に、QAタイムを設ける

　スピーチというと、とかく一方通行ですが、そのスピーチをやった後に、質問を受け付けると双方向のやり取りになります。それを私は、Speech QA と呼んでいます。

　やり方は簡単で、スピーチをした後に、オーディエンス（聴衆）から質問を受け付けます。いわゆる、そこの場面が、即興的なやり取りとなります。

　質問のやり取りですが、みんなの前で質問できるだけでも評価に値すると思いますが、いきなり質問するのではなく、Thank you for telling me about your summer vacation. I have a question. …のように、スピーチの感想を言ってから質問したり、You went to the sea. Did you get a suntan? のように、スピーチの内容に触れた後、質問したりすることもできると、いきなり質問を投げかけるよりも、ワンクッションが置かれ、質疑応答がしやすい雰囲気になります。

　☑　スピーチを聞いて、質問する
　　　☞内容に関する質問をする
　　　☞内容とは、関係のない質問をする
　☑　スピーチを聞いた感想を言ってから、質問する
　☑　スピーチの内容に触れてから、質問する

ペアで練習する

　最初にどのような質問のやり方があるかを説明した後、Last weekend. という テーマでペアでショートスピーチを行い、その後、QA を行わせます。

T:　今日はスピーチ後に質問します。そのときに、３つの方法があります。
　　１つ目は、「ただ質問する」ということです。これでも十分 OK です。
　　２つ目は、「スピーチを聞いた感想を言ってから、質問する」ということ です。例えば、Thank you for a nice speech. Your eye contact is good. I have a question. のように、言った後に、質問します。
　　３つ目は、「スピーチの内容に触れてから、質問する」ということです。 例えば、I'm glad that you enjoyed going camping. I like camping too. How many times do you go camping in a year? などと、スピーチの内 容に触れ、時には、自分のこと言ったりしてから質問します。

T:　では、ペアで、ショートスピーチをします。１人がスピーチを終えたら、 すぐに、QA タイムです。その後、交代して、もう１人が行います。

指導目標と評価

目標		スピーチを聞いて、質問しようとする。
評価規準		スピーチを聞いて、質問しようとしている。
評価 基準	a	スピーチを聞いた後、**感想や内容を交え**、質問しようとし ている。
	b	スピーチを聞いた後、質問しようとしている。
	c	質問しようとしていない。
評価場面		パフォーマンステスト （ ✓ ） 観察 （ ✓ ） 自己評価 （ ✓ ） ワークシートの記述 （ 　 ）

36 » 相手がうまく言えないときに、理解を示して補う

時間 10分　時期 11月

相手の話を理解しようとする気持ちが、発言となる

　生徒同士で対話をさせると、ペアの話を聞きながら、頷いたり、あいづちを打ったり、相手の発言を繰り返したりしながら、聞いている生徒がいます。

　そのような習慣の延長で、相手が言おうとしていることを、先回りして言っている生徒や、相手が言おうとして、なかなか言えないときに、語彙を補って言ったり、言い換えたりする生徒も出てきます。

S1: I went to Kumagaya for.........Ah.....

S2: shopping?　☞ 言おうとすることを想像する

S1: Yes. Shopping. I went the ABC shopping store.........

S2: mall.　☞ 適切な表現で、言い換える

S1: Right. I bought （ジェスチャーで、洋服を指す）

S2: clothes.　☞ 適切な表現で、言い換える

S1: Yes, yes. Clothes.

 ☑　相手が言葉に詰まったとき
  ☞該当する語彙を想像して言う
  ☞他の表現で言い換える

　話を最後まで聞くということも大事な姿勢ですが、その場の雰囲気から相手が困っているときに適切な表現等で反応することも大切な技能・態度であると考えます。

生徒の良さを見つけ、共有する

　ペアでやり取りをしている場面を観察し、相手がうまく言えないときに、語句や文で言い換えたりしている生徒を見つけます。

T:　今、みんなのやり取りを見ていて、素晴らしいなあと思ったことがあったんだけどね。あるペアが、こんな会話をしていました。

S1: I like watching TV. What TV program do you like?

S2: I like.........

S1: anime?

S2: No.

S1: drama?

S2: Yes, I like TV dramas.

T:　分かりましたか？　こんな風に、相手が言おうとしていることを理解して、言葉を補っていたのです。すごいなあ、と思いました。みんなも、そういう場面あったかな？　友達が困っていたら、どんなことを言おうとしているのかを理解して、言葉が補えると最高ですね。

指導目標と評価

目標		相手が困っているときに、語句や文などで、補う。
評価規準		相手が困っているときに、語句や文などで、補おうとしている。
評価 基準	a	
	b	相手が困っているときに、**語句や文などで**、補おうとしている。
	c	相手が困っているときに、言葉を挟まず聞いている。
評価場面		パフォーマンステスト（　✓　）　観察（　✓　） 自己評価（　✓　）　ワークシートの記述（　　　）

37 » 伝えようとすることを 内容を整理して書こうとする

[時間] 10分　[時期] 12月

伝えるために書く

　ライティングは、思いついたことを、ただ書けばいいわけではありません。読み手を意識し、自分の考えや気持ちが、できるだけ正しく伝わるように、内容を整理して書かなくてはいけません。

　1つは、「5W1H」を意識して書くということです。

　伝えたい内容を、When（いつ）、Where（どこで）、Who（誰が）、What（何を）、Why（なぜ）、How（どのように）に沿って構成すると、伝えたい内容が整理できます。

　また、「パラグラフライティング」（本章33参照）も、論理的に伝えるための「型」となります。必要に応じ、シンキングツールも効果的に使わせます。

☑　5W1Hを意識して書く

☑　パラグラフライティングの書き方を意識する
　　　☞主題文（Topic Sentence）を書く
　　　☞指示文（Supporting Sentences）を書く
　　　☞結論文（Concluding Sentence）を書く

☑　シンキングツールを利用する
　　　☞XYチャート　　　　☞キャンディ・チャート
　　　☞くらげチャート　　　☞ウェビング
　　　☞ピラミッドチャート　☞フィッシュボーン

意見文を整理して書く

　教師が英語で、田舎暮らしがよいか、都会暮らしがよいか話した後、「I want to know your ideas. Which do you like to live, in a country or in a city?」と尋ね、生徒はどちらの方に住みたいのか、その理由を知りたいと伝えます。その後、ワークシートを配付し、意見文を書かせます。

Which do you like to live, in a country or in a city?

Step 1　Choose and make a circle.　　　　A: Country　　B: City

Step 2　Write the reasons as many as possible.

Step 3　Step 2 で考えたことを整理して、あなたの考えを先生に教えてください。

指導目標と評価

目標		伝えようとすることを内容を整理して、書こうとする。
評価規準		伝えようとすることを内容を整理して、書こうとしている。
評価基準	a	伝えようとすることを内容を整理して、**分かりやすく書こ**うとしている。
	b	伝えようとすることを内容を整理して、書こうとしている。
	c	伝えようとすることを内容を整理せず、書いている。
評価場面		パフォーマンステスト（　　　）　観察（　✓　） 自己評価（　✓　）　ワークシートの記述（　✓　）

よりよく伝えるために、書いたものを読み直す

　書いたものを読み直し、校正する作業は、読み手を意識して、より伝わりやすい文章を書こうとする気持ちの現れです。一度書いたものを読み直し、情報を付け足したり、体験例を入れたり、書く順番を入れ替えたりしながら、よりよい文章に仕上げていきます。

- ☑ 書いたものを読み直す
    - ☞読み手にとって、伝わる内容になっているか
    - ☞足りない情報はないか
    - ☞自分の一番言いたいことが、読み手に伝わるか
    - ☞順番を変えた方がいいところはあるか
- ☑ 単語のつづりや文法的に間違いがないかを確認する
- ☑ 表現使用の適切さを確認する

Peer Readingで、読み手の立場から、助言する

　書いたものを、書き手が読み直すことも、とても大切ですが、誰かに読んでもらい、アドバイスをもらうのも、お互いにとって、英語学習上、良い面があります。

T:　Did you finish writing your story? Today, change your worksheets with your partner. Read it and give some comments. もちろん、日本語で、読んで、もっとこうした方がいいというようなアドバイスをします。では、ペアになり、書いたものを交換しましょう。

S1: 何しに行ったのかを書いた方がいいんじゃない？

S2: 友達と待ち合わせたんだけど、待ち合わせって、なんて言ったらいいのかな？

S1: 待ち合わせ？　待つは、wait for だけど、友達に会うためだよね。

S2: そう。

S1: to see my friend かな？　友達は1人？

S2: いや、3人。

S1: じゃ、friends と複数になるね。

　このように、書いたものに、語句を挿入したり、書く順番を変えたりしながら、最終的に清書させ、提出させます。

指導目標と評価

目標		書いたものを読み直し、校正する。
評価規準		書いたものを読み直し、校正しようとしている。
評価基準	a	書いたものを**何度も**読み直し、**より良い文章に仕上げるように**、校正している。
	b	書いたものを読み直し、校正している。
	c	書いたものを読み直すことなく、書くことを終えている。
評価場面		パフォーマンステスト（　　　）　観察（　✓　） 自己評価（　✓　）　ワークシートの記述（　✓　）

第4章のまとめ

　「主体的に学習に取り組む態度」は、もちろん評価するだけでなく、指導も必要であることは、度々本書で述べてきました。そして指導した結果、それが生徒に定着し、それらが自然と行動や態度に出て初めて、「主体的に学習に取り組む態度」として評価できるのだと思います。

　そこで、いったん指導した後、継続して指導し続ける必要があります。そして、ある程度の期間の後、それが身に付いているのかを評価し、見取ります。指導は、意図的・計画的な営みですから、教師の側に、どのような指導項目があるのかが見えていなくてはいけません。4技能に、CAN-DO形式（学習到達目標の設定）があるのと同じように、「主体的に学習に取り組む態度」にも、私はCAN-DOがあるべきだと思っています。CAN-DOの見取り図があることで、教師も、意図的・計画的に指導ができるのだと考えるのです。

　なお、「主体的にコミュニケーションを図ろうとしている状況」は、パフォーマンステスト時に評価するのが一番公平ですが、それでは評価場面が少ない場合は、信頼性を高めるために、授業中の観察による評価を蓄積しておき、評価資料の参考に加えることも考えていかなくてはいけないと思います。

　また、第5章で扱う「学びに向かう力の評価」は、評定に結び付ける評価は、正直、難しい部分があると感じます。生徒一人一人の学びの過程を評定することは、評価の妥当性を含め、時間的にも、教師に可能かどうか悩むところです。（序章で述べた評価の〈実行可能性〉より）

　では、評価しなくてよいのかと言ったら、評価はすべきです。生徒の学びの姿を見取ることは、とても大切です。学びの様子を評価し、褒めたり、学びを調整させたりすることは、形成的評価として、行うべきだと考えます。

　そこで、第4章でも、「指導目標と評価」の表（各節の右ページ下部）には、評価場面として、形成的評価として、生徒の様子を観察する評価も含んでいます。

　また、場合によっては、評価基準は、a,b,cの3つを設けていなくても、これができればすばらしいというときは、a評価だけあってもいいのかと考えます。

「自らの学習を自覚的に捉えている状況」の指導と評価

生徒の姿を捉えるための評価

　授業でスピーチをします。スピーチ原稿を作成する段階における「思考・判断・表現」や、スピーチ発表時の「知識・技能」「主体的にコミュニケーションを図ろうとする状況」は評価することができますが、それらは、最終的な生徒の姿であり、それまでの取組状況については、生徒の観察や、ワークシートの記述、自己評価・振り返りシートから判断するしかありません。

　自らの学びを調整したり、言語活動に向けた粘り強い取組をしたりしている姿を総合的に見ていくために、学びの過程が分かるようなワークシートを作成して、そこに生徒の考えや気持ちを記述させていきます。

指導目標と評価

目標		目標を設定し、自らの学習を自覚して取り組む。
評価規準		目標を設定し、自らの学習を自覚して取り組んでいる。
評価基準	a	**常に**目標を設定し、自らの学習を自覚して取り組んでいる。
	b	目標を設定し、自らの学習を自覚して取り組んでいる。
	c	目標を設定せず、学習活動に取り組んでいる。
評価場面		パフォーマンステスト（　　　）　観察（　✓　） 自己評価（　✓　）　ワークシートの記述（　✓　）

◎　夏休みにあなたがやりたいことは何ですか。クラスのみんなの前で、それを発表しましょう。

第１時

構想メモ　⟩　どんなことを話そうと思いますか。思いつくことを書いてみましょう。

⟱

書いてみよう　⟩　構想メモを元に、ノートに、スピーチ文を書いてみよう。

⟱

第２時

目標を持とう　⟩　どんなことに気を付けてスピーチを行おうとしますか。

⟱

練習しよう　⟩　目標は達成できそうですか。どんなところに気を付ければいいですか。

⟱

第３時

発表しよう　⟩　最高のスピーチをしましょう。

⟱

振り返ろう　⟩　目標は達成できましたか。スピーチの取組で、努力したことなどを書きましょう。

Class（　　）Number（　　）Name（　　　　　　　　　）

2　≫　Small Talkに取り組んでいる状況の評価

形成的に評価する

　授業開始時に、Small Talk を行います。その Small Talk も目的的に学習に取り組んでいる生徒と、無目的にただ指示されたから行っている生徒とでは、同じ時間を重ねても、学力には差が出てくるでしょう。

　自己を振り返り、次なる目標や課題を意識し、学習方略を選びながら学習している生徒は、理想でもあり、そのような学びができる生徒に育てていかなくてはいけないと考えます。

　もちろん、c 評価であると見て取れる生徒には、その都度、形成的に評価し、より良い学びが行えるよう、指導をします。

指導目標と評価

目標		目標を設定し、Small Talk に取り組む。
評価規準		目標を設定し、Small Talk に取り組んでいる。
評価基準	a	目標を**適切に**設定し、Small Talk に取り組んでいる。
	b	目標を設定し、Small Talk に取り組んでいる。
	c	目標を立てても、それが自覚されず、振り返りが浅い。
評価場面		パフォーマンステスト（　　）　観察（　✓　） 自己評価（　✓　）　ワークシートの記述（　　　）

Small Talk で、英語でやり取りする力を伸ばそう！

第 1 時

目標を持とう ＞ どんな目標を持って、Small Talk を行いますか。

振り返ろう ＞ Small Talk を振り返ってみよう。

言えなかったこと	今日の振り返り	次回の目標

第 2 時

目標を持とう ＞ どんな目標を持って、Small Talk を行いますか。

振り返ろう ＞ Small Talk を振り返ってみよう。

言えなかったこと	今日の振り返り	次回の目標

Class （　　） Number （　　） Name （　　　　　　　　）

3 » 自己評価を用いて、学びに向かう力を育てる

自己評価による波及効果をねらう

　私は常々、自己評価をさせることが、そのこと自体が、指導になっていると考えています。例えば、授業で、「アイコンタクトをとって、Small Talkをしましたか」と尋ねれば、生徒の多くは手を挙げます。そう尋ねることで、生徒は、「アイコンタクトをとって、Small Talkをしなくてはいけないんだなあ」と気付きます。

　すると、次回、Small Talkをする際に、生徒は「アイコンタクトをとらなくては」と意識し、アイコンタクトをとってやり取りをしようとします。そこで、再度、「アイコンタクトをとって、Small Talkをしましたか」と尋ねると、アイコンタクトを意識していなかった生徒は、「あっ、しまった」となります。

　そして、次の時間も、同様に自己評価を重ねていくと、生徒が自ら自覚し、アイコンタクトをとるようになると考えるのです。

　自己評価には、そのように働く力があるように、私は感じるのです。

重点化指導項目を、自己評価させる

　授業は目的的に行います。単元の目標を重点化させ、例えば、この単元では、「読むことの能力を高めよう」と指導目標を決めます。そして、生徒にも特に高めたい技能について伝えます。その重点化した目標項目を自己評価カードに入れ、単元を通して、自己評価させ続けます。すると、その自己評価の蓄積により、生徒の学びの過程が見えてきます。

自己評価カード

◎今日の授業を振り返って自己評価してみよう。

5（とてもよくできた）　4（よくできた）　3（まあまあ）　2（あまりできなかった）　1（できなかった）

①	アイコンタクトをとってやり取りしようとした。	5　4　3　2　1
②	相手に聞こえる声で、少し大きめの声でやり取りできた。	5　4　3　2　1
③	必要に応じて、ジェスチャーを用いやり取りしようとした。	5　4　3　2　1
④	教科書の内容の「情報」を取り出すことができた。	5　4　3　2　1
⑤	教科書の内容の「情報」を伝えることができた。	5　4　3　2　1

◎今日の授業でがんばろうと思ったこととその振り返りをしよう。

（ 　　　　　　　　　　　　　　　　　　　　　　 ）

Class（　　）Number（　　）Name（　　　　　　　　）

指導目標と評価

目標		自らの学習を自覚的に捉え、自己評価する。
評価規準		自らの学習を自覚的に捉え、自己評価できている。
評価基準	a	自らの学習を自覚的に捉え、**十分な考察を行い**、自己評価ができている。
	b	自らの学習を自覚的に捉え、自己評価できている。
	c	自らの学習を自覚的に捉えられず、自己評価できていない。
評価場面		パフォーマンステスト（　　　）　観察（　✓　） 自己評価（　✓　）　ワークシートの記述（　　　　）

4 » 習った文法や表現を、用いようとしている

習った文法を、〈正確に〉用いようとする

　授業で新しい言語材料を学びます。そこで、大事な姿勢の１つ目は、**「習った言語材料を、〈正確に〉言おう、練習しよう」**とする姿勢です。無目的に学習するのではなく、目的的に学習する姿勢です。

　例えば、三人称単数現在形を学習したとします。主語が三人称の場合、動詞にｓ（es）がつくことを理解した後、声に出して言う練習をします。

　そのときに、自己調整が図れる生徒は、動詞のｓをきちんと意識して言おうとしているでしょう。一方、学びに向かう力が育っていない生徒は、動詞のｓを意識せず、ただ発話を繰り返すだけしているでしょう。

　自ずと、文法の理解や活用に差が出てくることは、予想できます。

　新しい文法の特徴やきまりを理解した後、学習したとおりに、正確に言おうとする姿勢は、早くその文法事項を理解し、活用できる技能となっていきます。

習った文法や表現を使ってみる

　大事な姿勢の２つ目は、**「習った文法を使ってみる」**という姿勢です。せっかく習った文法です。それを練習の場面で意図的に使ってみて、文法の使い方を学び、文法を自由自在に使えるようにしていきます。

　ただ、実際に、生徒に言語活動をさせる場合は、言語材料を指定せず、対話させることがあります。例えば、Let's talk about your favorite sport. などとテーマが与えられ、それについて対話する場面です。

そのようなとき、既習事項の文法表現を用いれば、特に、新しい文法を使わなくても、コミュニケーションがとれてしまうことがあります。

　しかし、そういった状況においても、自らの学習の目的を自覚し、意図的に新しく習った文法を用いて表現しようとすると、文法理解が進み、それに準じて、活用する技能も身に付けることができるでしょう。

　これらは、「知識及び技能」の側面ですが、「知識及び技能」を身に付けるためには、生徒の「学びに向かう力」はとても大切です。

T:　今、友達と会話したけれど、今日習った、It …for 〜 to …. の文型使ってみた人いる？

Ss:（数名手を挙げる）

T:　新しく習った文法を、無理してでも、できるだけ使ってみると、その文法の使い方がよく理解できたり、実際に使えるようになったりしますね。では、できるだけ今日習った表現を使って、2回目、やってみましょう。

指導目標と評価

目標		新しく習った文法や表現を、用いようとする。
評価規準		新しく習った文法や表現を、用いようとしている。
評価 基準	a	新しく習った文法や表現を**理解して、正確に**、用いようとしている。
	b	新しく習った文法や表現を、用いようとしている。
	c	新しく習った文法や表現を、用いようとしていない。
評価場面		パフォーマンステスト（　　　）　観察（　✓　） 自己評価（　✓　）　ワークシートの記述（　　　）

5 » 教科書の英文を、発音に気を付けて読む

学習技能（学習するための技能）を育てていく

　授業で音読をします。そのときに、ただなんとなく音読している生徒と、目的を持って音読している生徒では、その成果が異なります。

　例えば、音読するときに、発音に気を付けながら毎回読もうとしている生徒と、そうでない生徒では、発音の正確さに、違いが出てきます。

　また、正しく発音して音読しようとする「学びに向かう力」は、自然発生的には生まれてこないと思います。教師が何らかの働きかけを行い、その働きかけを継続的に行っていく中で、生徒本人に気付かせるようにしなくてはいけません。

　そして、ある程度、継続指導した後は、「教科書を音読するときに、どんな点に気を付けて読むんだっけ？」と生徒に投げかけ、「発音です！」と返ってくれば、「そうでしたね。発音に気を付けて、3回、音読をしましょう」と、時々、原点に立ち返らせます。

　このような繰り返しが、生徒の学びに向かう力を育てるのだと考えます。

日本語にない音を、正確に発音しようとしているか

　英語には、日本語にない音があります。例えば、代表的な音に、/f/ や /v/、/l/ や /r/、/θ/ や /ð/ などがあります。また、同じ「あ」でも、英語では、/æ/ や /ʌ/、/ɑ/、/ə/ など、4つの音があります。それらの音だけでも、毎回注意をはらい音読していけば、良い発音になっていくと考えます。

音読に目標を持たせる

　以下は対話例です。

T: 音読する時に、みんなどんな気持ちで音読している？

S1: 内容が相手に伝わるように。

T: 内容が相手に伝わるように…。大事ですね。

S2: なるべく CD の音に似せて発音する。

T: 真似をするようにですね。

S3: 発音やアクセント、イントネーションに気を付けながら読む。

S4: 区切るところを意識して読む。

S5: 読み聞かせするつもりで…。

T: そうですね。どれも大切なことですね。では、みんなは、さっき音読をしたけれど、どんなことに気を付けてやっていましたか？　ただ音読しているのと、例えば、「発音に気を付けて読もう」と、意識して音読するのとでは、どうだろう？　目標を持って音読した方が、英語が上達するよね。

指導目標と評価

目標		教科書の英文を、発音に気を付けて読もうとする。
評価規準		教科書の英文を、発音に気を付けて読もうとしている。
評価 基準	a	教科書の英文を、発音に気を付けて、**正確に**、読もうとしている。
	b	教科書の英文を、発音に気を付けて読んでいる。
	c	教科書の英文を、発音には気を付けずに、読んでいる。
評価場面		パフォーマンステスト（　　　）　観察（　✓　） 自己評価（　✓　）　ワークシートの記述（　　　）

第5章のまとめ

　「自らの学習を自覚的に捉えている状況」については、『「指導と評価の一体化」のための学習評価に関する参考資料』（前掲「参考資料」）に、次のように書かれています。

- 上記の側面と併せて，言語活動への取組に関して見通しを立てたり振り返ったりして自らの学習を自覚的に捉えている状況についても，特定の領域・単元だけではなく，年間を通じて評価する。（p.31）

　「自らの学習を自覚的に捉えている状況を、年間を通じて評価する」としています。つまり、生徒の学習の姿勢を評価し、年間を通じて、生徒の「学びに向かう力」を、育てていかなくてはいけないと同時に、その責任が教師にはあるということです。

　私は歌が下手です。一生懸命歌おうとする気持ちはあっても、音程を外してしまうのです。おそらく「知識・技能」や「思考・判断・表現」はｃ評価でしょう。すると、「主体的に学習に取り組む態度」も、ｃ評価となってしまうのでしょうか。どのように声を出したらよいか、どのように歌ったらよいか考えながら一生懸命に取り組んでいても・・・。

　ここに大きな問題が２つあり、１つは、「主体的に学習に取り組む態度」を「思考・判断・表現」と一体化させて評価するという視点についてです。「思考・判断・表現」の評価結果をもって、そこから、「主体的に学習に取り組む態度」を評価しようとする考え方です。私は、３つの観点は相互に関連はあるものの、評価場面は一体的に行うものの、３つの評価は別の観点であることから、独自に評価すべきだと思います。

　もう１つは、「学びに向かおう」とする気持ちがあっても、どのようにしたら音程が取れるようになるのか、教師から教わった記憶がないのです。指導もなく、ただ活動のみ行うわけですから、主体的に取り組んでも、それは自己流ということになります。「学びに向かう力」もまた、指導せずに評価はできないと考えるのです。

「主体的に学習に取り組む
態度」の評価場面

1 ≫ 「パフォーマンステスト」で 評価する

生徒のパフォーマンスで評価する

　結論から述べます。「主体的に学習に取り組む態度」を評価するには、私は、パフォーマンステストで見取り、評価するのが、一番よいと考えます。なぜなら、評価場面は、どの生徒も同じであり、公平です。

　しかし、そのために３つの留意点があります。

　１つ目は、評価基準（ルーブリック）の設定を適切に行い、〈信頼性〉を高めておくことです。

　２つ目は評価する項目が、「主体的に学習に取り組む態度」を評価することになっているか、〈妥当性〉の確保です。

　いわゆる、挙手の回数や、提出物によるもので評価するのではなく、同じ発言でも、発言の内容から評価したり、提出の内容から評価したりしないと、評価の観点の趣旨からは、離れたものになってしまいます。

　３つ目に、最も大事なこととして、〈実行可能性〉があります。本書では、幾度となく伝えていますが、いくら正当な方法であっても、実際に評価するとなったときに、実行できなければ、絵に描いた餅です。

　あらゆる評価方法の中から、今できる、実行可能な最善の方法を選択し、評価し、生徒に評定を算出します。

　この３つを視野に入れた場合、究極のところ、「主体的に学習に取り組む態度」の評価は、パフォーマンステストでやるしかないのではないかなと思ってしまいます。

単元末に、態度となって現れているかどうかを確認する

　次のように「主体的に学習に取り組む態度」の指導計画をたてます。例えば、相手の話を聞きながら、話の内容を確認するために、発言の一部を繰り返すことを指導します。そして、「単語で繰り返す」ことから、「語句で繰り返す」「文で繰り返す」のように、発展させながら指導し、それらが態度となって現れているかどうかを単元末に評価します。

（中学1年生：1学期）

時数	学習内容	「主体的に学習に取り組む態度」の学習目標
第1時	p.46 本文	話し手への理解を示すために、話の内容を**単語**で繰り返しながら、聞くことができる。
第2時	p.47 文法	〃
第6時	p.59 文法	話し手への理解を示すために、話の内容を**語句**で繰り返しながら、聞くことができる。
第9時	まとめ	パフォーマンステスト

態度が身に付くまでには時間がかかる

　「主体的に学習に取り組む態度」で大切なことは、1つ目は、「指導する」ということであり、2つ目は、「見届ける」ということです。

　技能もそうですが、態度というのは、身に付くまでに時間がかかります。その時はできても、少し時間が経つと、望ましい態度ができなくなったり、そのことを忘れたりすることがあります。自らが意識し、主体的に外国語でコミュニケーションを図ろうとする状況を示すことができれば、立派に評価に結び付けることができるかと思います。

2 》 授業中の「観察」で 評価する

授業中の「観察」でも、評価はできる !?

　授業中の観察で、「知識・技能」「思考・判断・表現」「主体的に学習に取り組む態度」は、評価することができます。

　例えば、教師が生徒を指名して、英語でやり取りをします。そのとき、教師の What do you like to do in your free time?（暇なとき、何をするのが好きですか）の質問に、I like draw a picture.（絵を描くのが好きです）と答えたとします。

　ここでは、本来は、I like drawing (to draw) pictures. が、文法的に正しいということになります。つまり、動名詞または不定詞の活用能力を見た時に、「知識・技能」は、c 評価となります。

　また、教師の質問を理解し、正確ではありませんが、返答していることから、概ね伝わる英語を使用しているという点で、「思考・判断・表現」は、b 評価となります。

　「主体的に学習に取り組む態度」でも、見る観点を決めておき、例えば、話し手の方を向いて、十分な声量で話していれば、a 評価とし、評価の記録ができます。

「観察」の評価は、形成的評価で扱う

　しかし、テストでないのに、たまたまその1回で、評価されるのは、評価の〈信頼性〉という観点や、評価方法の〈妥当性〉にひっかかってしまいます。

生徒は学ぶために、教室にいて、賢くなるために勉強しているのに、その勉強している過程で、評価されてしまうのは、本人も納得がいかないでしょう。でも、生徒の行動を観察すると、様子が評価できてしまうのです。

　では、どうしたらいいでしょうか。

　1つは、形成的な評価で扱うのです。I like draw a picture. と言った生徒には、「Oh, you like **DRAWING** pictureS. 1つの絵だけ描くわけではないですからね。**DRAWING** pictureS.」と、リキャストしながら、明示的にフィードバックして、気付かせるようにします。

プラス評価なら蓄積し、評定への参考資料とする

　もう1つは、プラスの評価なら、どんどん蓄積しても、本人の不利益にはならないと思います。例えば、「主体的に学習に取り組む態度」で、十分な声量で、教員とやり取りができたら、a評価を記録していくのです。

　または、顕著な行動が見られたものは、記録しておくのです。

　そして、それを、評定を付ける際に、加味するのです。

　ただし、これも全員にそのチャンスを与えなくてはいけません。

　一部の生徒にだけやり取りをして、プラスの評価を記録したとして、他の生徒に、そのようなチャンスがなければ、不公平となります。

ここがポイント

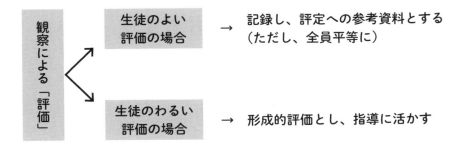

3 » 「ワークシート」の記述で評価する

学びのプロセスが見えるワークシートを作成する

　生徒の学びの過程が見られるようなワークシートを与えれば、ワークシートの記述をもって、生徒の「主体的に学習に取り組む態度」を評価することも可能です。

　では、英語の授業では、どのようなワークシートがいいのでしょうか。

　例えば、そのものずばり、学びのプロセスが見えるワークシートを作成すればいいです。まず、櫻井茂男（2020）による、「自ら学ぶ意欲のプロセスモデル」（本書 p.39）に基づき、「見通し」を持たせ、記述させます。「目標」をたてることで、見通しを持たせることができます。

　その後、「学習活動」を重ねていき、その都度、小刻みな「振り返り」を行います。その段階で、生徒がどのように学習を進めようとしているのか、生徒の内面を知ることができます。

　最後に、単元を通しての学習における全体の「振り返り」をします。

学習メタ認知を養う

　学びの足跡が見えるワークシートでは、場合によっては、文字を書いて表現することが好きな生徒や、文章力のある生徒、自分のことを客観的に見つめることができる生徒が有利な場合が考えられます。

　しかし、逆に考えれば、ワークシートで、学びの過程を振り返ったり、新たな目標を立てたりしながら、自己を見つめることで、いわゆるメタ認知が育ち、よりよく自分のことを客観的に見つめることができるようになるので

はないかと考えます。

　よって、ワークシートの記述は、評価場面でもあり、指導場面にもなりうるということです。

粘り強い取組を見る

　書くことの活動では、１回目に書いた作文を自ら校正したり、peer reading により、友達からのアドバイスをもらったりしたものを基に、２回目の作文を書いたり、さらに、先生からのコメントで、修正を図り、３回目の作文を書き、４回目に清書するなどして、ワークシートに残る学びの足跡から、生徒の「粘り強く取り組む姿」が見える場合があります。

　よい評価は、プラスの評価として、記録に残すとよいでしょう。

プロセス・ライティング

1　友達からのアドバイスを基に書く

2　教師からのコメントを基に書く

3　推敲して

4　完成！

4 » 「自己評価・振り返り」で評価する

「自己評価・振り返り」から、生徒の学びの様子を知る

「自己評価・振り返り」の中からも、生徒の学びの様子が見えてきます。例えば、次の振り返りはどうでしょうか。

- 自分で考えて、相手に何を聞き返せばいいのかなどを考えて、**書けるようになった**。
- **できるだけ自分で考え**、例にはない都道府県について選んで、話の内容を工夫し、言えた。
- **ペアからスペリングを教えてもらい**、つづりを正しく書くようにした。
- ペアの人が Please tell me more. ばかり使い、全く自分の日本の良いところを言わなかったので、**なんとか言わせるように工夫**した。
- 同じような表現を使わず、**他の言い方を探してみる**などのことをした。

「書けるようになった」「できるだけ自分で考えようとした」「ペアからスペリングを教えてもらいながら書いた」「なんとか言わせるように工夫した」「他の言い方を探した」などの表現から、生徒の「粘り強い取組を行おうとしている姿」が、これらから見られました。

では、次はどうでしょうか。

- 自分が言いたい意見を英語で表現しようとした時に、何の単語を使うのかを考え、**文法に合わせて書くように**した。
- プリントの表面をやったときは、I don't agree with you. の表現しか

172

使えなかったが、裏面では、Please explain about it. という表現を**先生が言っていたので、活用することができた。**

- 僕はあまり単語を書けないので、**先生が例として言っていたことを自分のことに当てはめて書いた。** 1回目は、賛成・反対を言わずに質問をしていたが、2回目は、相手の意見に対して、どう思っているのかを書けた。教科書に書いてある単語を多く使用した。

　これらについては、私は、「自己の学習を調整しようとする側面」が感じられました。

「自己評価」や「振り返りカード」は、あくまでも評価の参考資料

　さて、評価の〈妥当性〉から考えて、「自己評価」や「振り返りカード」で評価することは、適切でしょうか。

　きっと、誰もが、適切でないと感じることと思います。

　なぜなら、自己評価の内容が、生徒の内面そのものを表しているとは分からないからです。

　多くの生徒は、嘘のない内容を書いていると思いますが、もし評定に結び付くと生徒が知っていたら、当然、良いことしか書かないでしょう。

　そうなると、「主体的に学習に取り組む態度」を評価する〈妥当性〉という視点から、本当にその能力が測れるのでしょうか。

　ただ、もし振り返りカードに書かれていることが、次以降の授業において、そのような態度として見られたとすれば、確かな評価として、評定に結び付ける評価として、有効な評価材料になるかと思います。

　このことは、「参考資料」（p.81）でも、解説していることです。

第6章のまとめ

　第6章では、考えられる評価場面として「パフォーマンステスト」「観察」「ワークシートの記述」「自己評価・振り返りカード」の4つを示しました。そして、〈妥当性〉〈信頼性〉〈実行可能性〉を考えた場合、「主体的に学習に取り組む態度」の評価方法では、「パフォーマンステスト」が最良なのではないかと考えます。

　「観察」は、測りたいものを測ることはでき、教師の評価も基準を明確にしていれば、評価もできます。しかし、全ての生徒を観察により、平等に評価するのは、難しいことであると思います。よって、〈実行可能性〉としては、困難と考えます。

　「ワークシートの記述」や、「自己評価・振り返りカード」では、そもそも本当の生徒の姿が、それらに現れるかどうかです。ほとんどの生徒は、きちんと書くと思いますが、評価を気にするあまり、本心とはかけ離れたことを記述するということは予想できます。

	妥当性	信頼性	実行可能性
パフォーマンステスト	○	○	○
観察	○	△	×
ワークシートの記述	×	×	×
自己評価・振り返りカード	×	×	×

　よって、これら実行可能性が困難な評価方法は、実施しないというのではなく、評定に結び付ける評価ではなく、形成的評価を中心に、生徒の学びの姿を知り、生徒のがんばって取り組んでいる姿を認めたり、褒めたり、自己調整を促したりする評価として、用いればいいです。

　どのような学びをすれば、適切に学力が身に付くのかを考え、その視点に立った指導が行えるよう、「学びに向かう力」の指導を行っていきましょう。

著者紹介

瀧沢 広人 (たきざわ　ひろと)

1966 年 1 月、東京都東大和市に生まれる。1988 年 3 月、埼玉大学教育学部（小学校課程）を卒業。埼玉県内の公立小・中学校等で 30 年間勤務した後、2018 年 4 月から岐阜大学教育学部にて学生指導にあたる。主な著書は『言語活動が充実する！　対話でつくる英語授業』『実例でわかる！ 中学英語 パフォーマンステスト＆学習評価』『中学英語 生徒が 5 分で話し出す！ スピーキング活動ベスト 45』『クラス全員のやる気にスイッチが入る！ 英語授業のつくり方』（以上、学陽書房）ほか多数。モットーは、明るく前向きに。全国の英語教育セミナー、講演会などで活躍中。
メールアドレス：takizawa@chichibu.ne.jp

中学英語　実例でわかる！ 「主体的に学習に取り組む態度」の学習評価

2023 年 6 月 14 日　初版発行

著　者	瀧沢 広人
発行者	佐久間重嘉
発行所	学 陽 書 房

〒 102-0072　東京都千代田区飯田橋 1-9-3
営業部／電話 03-3261-1111　FAX 03-5211-3300
編集部／電話 03-3261-1112
http://www.gakuyo.co.jp/

ブックデザイン／スタジオダンク
DTP 制作／越海辰夫　　印刷・製本／三省堂印刷

実例でわかる！　中学英語
パフォーマンステスト&学習評価

瀧沢広人［著］

A5判・136頁　定価2,090円（10％税込）

パフォーマンステストの方法と評価がこの一冊でよくわかる！